RALF GEORG REUTH

IM ERSTEN WELTKRIEG

MIX
Papier | Fördert gute Waldnutzung
FSC® C084279

Gesamtgestaltung und Satz: Sibylle Schug, München
Umschlagfoto: Fritz Rümmelein
Bildbearbeitung: typopoint GbR, Ostfildern
Druck und Binden: Print Consult GmbH, München
Printed in Slovakia
ISBN: 978-3-7844-3709-5

www.langenmueller.de

RALF GEORG REUTH

IM ERSTEN WELTKRIEG

1914 – 1918

DAS KURZE LEBEN DES LEUTNANTS FRITZ RÜMMELEIN

LANGENMÜLLER

Fritz Rümmelein im Februar 1915

Fritz Rümmeleins Offizierskiste, die ein Jahrhundert auf dem Dachboden seines Elternhauses in Zwiesel überdauerte

Prolog

Der Infanterist Fritz Rümmelein und der Erste Weltkrieg

Es ist eine ewige Geschichte, die Geschichte vom Soldaten-Leben und -Sterben. Seit Jahrtausenden ziehen sie ins Feld für Könige und Kaiser, für den Glauben, für Nationen, für Ideologien, für den Frieden und die bessere Welt. Gefolgschaftstreue, Ehre und Pflichterfüllung sind dabei meist die Maximen ihres Handelns. So kämpften sie und tun dies auch heute, von der Überzeugung getragen, auf der »richtigen Seite« zu stehen. Das vereint sie alle, gleichgültig für Wen oder Was sie streiten, und macht den Einzelnen letztendlich zum austauschbaren Werkzeug, zum »Universal Soldier«, wie er einmal in einer Ballade besungen worden ist.

Auch die tragische Geschichte des Leutnants Fritz Rümmelein, die in diesem Buch erzählt wird, fügt sich in das Bild. Noch 18-jährig meldete er sich am 2. August 1914, gleich zu Beginn des Ersten Weltkriegs, als Freiwilliger bei einem hessischen Reserve-Infanterie-Regiment. Vier Jahre kämpfte er an der Westfront für sein Vaterland, beseelt von einem unbändigen Durchhaltewillen, nachdem die anfängliche Begeisterung an der grausamen Wirklichkeit des Krieges zerstoben war. Für seinen Einsatz bei den Rückzugskämpfen im Oktober 1918 wurde der Leutnant mit dem Pour le Mérite dekoriert. Er war damit der einzige Bataillonsadjutant, dem diese im Ersten Weltkrieg nur 687-mal verliehene Auszeichnung zuteilwurde. Doch überreicht werden konnte ihm die höchste Tapferkeitsmedaille des Kaiserreichs nicht mehr. Denn der Offizier fiel Anfang November 1918, eine Woche vor Kriegsende.

Fritz Rümmelein ist einer von fast neuneinhalb Millionen Soldaten aus mehr als 30 Ländern, die im Ersten Weltkrieg ihr Leben verloren. Das sind neuneinhalb Millionen Einzelschicksale, ganz zu schweigen von den ebenso vielen Verstümmelten und psychisch Versehrten. Die politischen Folgen dieses ersten industrialisierten Kriegs sind nicht minder verheerend. Sie veränderten die Welt und stürzten diese in immer neue Katastrophen. Die Historiker bezeichnen ihn deshalb als die Urkatastrophe des 20. Jahrhunderts (George F. Kennan). Noch vor seinem Ende hatte der Krieg mit seinen Schrecken den sozialen Bewegungen, die eine Antwort auf die geistigen, politischen und auch ökonomischen Krisen der Zeit waren, zum Durchbruch verholfen. Im Kriegsjahr 1917 fegte die russische Revolution das Zarenreich hinweg. In einem jahrelangen Bürgerkrieg, der besonders auf dem Gebiet der Ukraine mit nie dagewesener Härte geführt wurde, siegten schließlich die Bolschewiki um Lenin gegen Nationalisten, Zaristen und westliche Interventionstruppen. Die Auswirkungen dieser Ereignisse hatten ganz Europa und vor allem auch Deutschland erfasst. Die russische Revolution war damit zur großen Zäsur geworden, denn nicht mehr nur Nationen und Imperien, sondern auch widerstrebende ideologische Welten standen fortan unversöhnlich einander gegenüber.

Dass die Revolution – von Russland ausgehend – nach Mitteleuropa griff und damit auch die Mittelmächte erfasste, wurde durch das Regime der Sieger maßgeblich begünstigt. Der im Ersten Weltkrieg gesäte Hass hatte es ihnen nicht ermöglicht, Europa eine tragfähige Friedensordnung zu geben. Statt die Verlierer gleichberechtigt in diese miteinbeziehen, rechneten sie auf der Versailler Konferenz und den Folgekonferenzen 1919/20 mit den Mittelmächten und damit auch mit Deutschland rigoros ab. Beträchtliche Gebietsabtretungen, gewaltige Reparationen und die Zuweisung der alleinigen Schuld am Weltkrieg schürten in dem Land, das nach dem Ende der Monarchie um seine politische Zukunft zwischen Demokratie und Bolschewismus rang, wiederum neuen Hass und Revanchegelüste. Zusammen mit der Weltwirtschaftskrise vom Ende der 1920er-Jahre bot Versailles somit einen idealen Nährboden für Hitler, der die Menschheit in einen zweiten, noch furchtbareren Krieg führte, der mit mehr als 50 Millionen Toten und der Spaltung der Welt endete.

Doch selbst mit der Überwindung des Ost-West-Konflikts und der wiedererlangten Einheit Deutschlands und Europas waren die verheerenden Folgen von Versailles noch nicht überwunden. So wurden bei den Pariser Vorort-Verträgen aus der Konkursmasse des untergegangenen österreich-ungarischen Vielvölkerstaats die neuen Vielvölkerstaaten Jugoslawien und die Tschechoslowakei aus der Taufe gehoben. Ungarn musste an fast alle seine Nachbarn beträchtliche Teile seines Territoriums abtreten. Nur durch autoritäre Regime und seit 1945 durch die kommunistische Zwangsherrschaft konnten die daraus resultierenden Nationalitätenkonflikte unterdrückt werden. Sie brachen wieder auf und führten zum Zerfall Jugoslawiens und der Spaltung der Tschechoslowakei in zwei Staaten, als Ende der 1980er-Jahre die friedliche Revolution in Ostmitteleuropa zu obsiegen begann.

Im Ersten Weltkrieg wurzelt aber auch der Nahost-Konflikt, wie er soeben durch den Gaza-Krieg zwischen Hamas und Israel einen neuen Höhepunkt erhalten hat. Die arabischen Provinzen auf der transjordanischen Landbrücke hatten bis 1918 dem mit Deutschland und Österreich-Ungarn verbündeten Osmanischen Reich angehört. Als es nach Kriegsende zerschlagen wurde, waren dort von Briten und Franzosen mit dem Lineal neue Grenzen gezogen worden (Sykes-Picot-Abkommen), die die arabischen Provinzen in zwei Mandatsgebiete teilten. Ungeachtet dessen hatte London den Arabern zuvor einen u. a. ganz Palästina umfassenden Staat mit der Hauptstadt Damaskus versprochen, aber gleichzeitig dort auf dem Gebiet des heutigen Israel die jüdische Einwanderung ermöglicht. Die Sieger des

Weltkriegs stifteten so einen Frieden, der bis auf den heutigen Tag, wie die jüngsten Ereignisse veranschaulichen, allen Frieden unmöglich machte.

Wie sehr doch der Erste Weltkrieg, in den die Mächte wie »Schlafwandler« hineingetaumelt waren (Christopher Clark), das 20. Jahrhundert prägte und es teilweise heute noch tut, ist kaum noch im Bewusstsein der West-Europäer. Und den Krieg als solchen hatten diese in die Geschichte entrückt, in eine Geschichte, die in Deutschland ganz und gar auf den Völkermord der Nationalsozialisten an den europäischen Juden fokussiert ist. Siebzig Jahre Frieden und Wohlstand hatten die Überzeugung reifen lassen, dass nach dem Ende des Ost-West-Konfliktes die Zeit der großen Kriege in Europa endgültig vorüber sei. Doch das war ein Irrtum. Der Wahn von einem neuen großen Reich, wie es mit der Sowjetunion untergegangen ist, hat Russlands Despoten die Ukraine überfallen lassen. In den »Bloodlands«, wie Timothy Snyder seine Geschichte Ostmitteleuropas überschrieben hat, also dort, wo während des russischen Bürgerkriegs Judenpogrome stattfanden, dort, wo Stalin mit dem Holodomor den Massenmord an der ukrainischen Bevölkerung beging und dann im Schatten von Hitlers Vernichtungskrieg der Holocaust seine die letzten zivilisatorischen Normen sprengende Umsetzung erfuhr, wird wieder gekämpft und damit gelitten und gestorben.

Das Schicksal Fritz Rümmeleins, des Frontsoldaten des Ersten Weltkriegs, wird damit in gewisser Hinsicht in die Aktualität zurückgeholt. Dies ist umso mehr der Fall, da auch der Abwehrkampf der ukrainischen Streitkräfte gegen die russischen Aggressoren zum Abnutzungskrieg, zum Stellungskrieg erstarrt ist. Wie sie heute im Donbass, vor Charkiv und am Dnepr kämpfen, haben sie zwischen 1914 und 1918 in Flandern, in der Champagne oder in Lothringen gekämpft. Über Jahre hinweg verschob sich dort die Front oft nur um ein paar Kilometer. Dem vorangegangen waren immer neue Offensiven, die unter schwersten Verlusten im gegnerischen Feuer endeten. Der Graben als Lebens- und Sterbensraum wurde zur weit über den Ersten Weltkrieg hinausreichenden Chiffre für den Leidensweg der Infanteristen. Fritz Rümmeleins Geschichte ist die Geschichte eines solchen Leidenswegs.

Dass sie hier erzählt werden kann, ist dem Umstand zuzuschreiben, dass im Jahr 2013 ein niederbayerischer Militaria-Händler zehn Foto-Steckalben aus der Zeit des Ersten Weltkriegs zum Kauf anbot. In diesen befanden sich mehr als tausend Fotografien. Die mit einer 6x6-Zentimeter-Kamera gemachten Aufnahmen bilden das Dasein deutscher Infanteristen in den Stellungen, aber auch das Leben in den Ruheräumen und Truppenlagern hinter der Front ab; sie zeigen die fürchterlichen Verwüstungen sowie die mörderischen Innovationen des Ersten Weltkriegs, der waffentechnisch im 19. Jahrhundert begonnen hatte und im 20. endete – technische Innovationen wie Flugzeuge und Tanks, wie die ersten Panzer genannt wurden. Die Fotografien haben aber auch die hässliche Fratze des Soldatentodes und die liebevoll hergerichteten Gräber der gefallenen Kameraden zum Motiv. Da die Aufnahmen nicht beschriftet sind, ließen sich weder ihr Entstehungsort noch deren Urheber ausmachen. Diese konnten nur grob der Westfront zugeordnet werden. Alles hatte zunächst den Anschein, als seien es Fotoalben, wie sie in unzähliger Zahl kursieren, eben mit Bildern vom Ersten Weltkrieg – wenn auch mit bemerkenswerten und vielen aus einer Hand.

Der Name Rümmelein auf der Rückseite einer einzigen der neunhundert Fotografien veränderte dann alles. Schnell stellte sich heraus, dass der Fotograf ein Pour-le-Mérite-Träger war und damit nicht nur in der Liste der Ordensträger verzeichnet ist. Es handelte sich um den Leutnant und Bataillons-Adjutanten Fritz Rümmelein aus dem niederbayerischen Zwiesel. Dort fand sich Barbara Seemann, dessen Nichte. Und die verfügte auf dem Dachboden ihres Hauses, in dem ihr Onkel das Licht der Welt erblickt hatte, über einen fast in Vergessenheit geratenen Schatz – über eine alte hölzerne Offizierskiste mit dessen Hinterlassenschaft. Sie war mit dem in einen Zinksarg eingelöteten Leichnam des Leutnants im Dezember 1918 vom westlichen Kriegsschauplatz nach Zwiesel gekommen, wo sie zusammen mit einigen Papieren aus dessen Schulzeit ein ganzes Jahrhundert überdauerte.

Im Inneren der Munitionskiste befanden sich neben Fritz Rümmeleins Pickelhaube, seiner Offiziersmütze und anderen Ausrüstungsgegenständen samt Kartentasche mit militärischen Lageplänen und zahlreichen Fotografien ganze Bündel von Feldpostbriefen und -karten, die der Leutnant zwischen 1914 und 1918 nach Hause geschrieben hatte, darunter auch eine Schilderung der erbitterten Kämpfe vom Oktober des letzten Kriegsjahres, in deren Folge er mit dem Pour le Mérite ausgezeichnet worden war. Diese Schriftstücke, die auch das Innenleben des jungen Soldaten widerspiegeln, sind jedoch nur ein Teil seiner schriftlichen Hinterlassenschaft. So führte Fritz Rümmelein zeitenweise auch ein Kriegstagebuch, in dem er etwa seine Erlebnisse vor Verdun im Jahr 1916 oder während der Panzerschlacht von Cambrai Ende 1917 festgehalten hatte. Die kleinen Kladden, in denen sich auch die letzte Eintragung unmittelbar vor seinen Soldatentod findet, bewahrte sein gleichnamiger Neffe Fritz Rümmelein im oberfränkischen Hof auf. Auch die Umstände der Überführung des Gefallenen und der Ablauf der Trauerfeier samt seiner Bestattung in Zwiesel sind belegt. Zahlreiche Dokumente bis hin zur Ansprache des evangelischen Geistlichen liegen auch im dortigen, von Roland Schreder geführten Stadtarchiv.

Dies war die Quellenlage, auf der das Buch »Im Großen Krieg. Leben und Sterben des Leutnants Fritz Rümmelein« im Jahr 2014 verfasst worden ist. In den seitdem vergangenen zehn Jahren kamen viele Hinweise und Dokumente dazu, wie diejenigen aus dem Besitz seines Großneffen Michael Rümmelein. Eine »Dunkelzone« im Leben des Pour-le-Mérite-Trägers bildete seine Zeit im hessischen Hanau, wo er sich im August 1914 als Einjährig-Freiwilliger gemeldet und seine achtwöchige militärische Ausbildung erhalten hatte. Die Fotografien aus dem Archiv des Hanauer Historikers Jens Gustav Arndt und dessen wertvolle Informationen erhellten nicht nur diese Zeit, sondern lieferten auch wertvolle Informationen zum Kampf seines Regiments an der Westfront. Arndt wusste auch Interessantes zur Geschichte der Fotoalben des Leutnants zu berichten. So sandte Fritz Rümmelein die im Felde entstandenen Aufnahmen einem Hanauer Freund. Dieser ließ sie entwickeln und legte zwei Serien von Fotoalben an, eine zur Aufbewahrung für Fritz Rümmelein, die andere für dessen Eltern in Zwiesel, wohin er im Laufe der Jahre Album für Album schickte. Bei den 2013 bei einem Militaria-Händler in Niederbayern aufgetauchten Alben soll es sich um letztere handeln.

Die neu dazugekommenen Quellen und Informationen zum kurzen Leben des Pour-le-Mérite-Trägers ermöglichten es unter Einbeziehung der 1918 erschienenen Divisionsgeschichte (»Aus drei Kriegsjahren der 21. Reserve-Division 1914–1916«), die über einen beachtenswerten Bildteil verfügt, weitere der nicht beschrifteten Fotografien Fritz Rümmeleins zu lokalisieren und zeitlich einzuordnen. Auch das trug dazu bei, dass diese, auf einer einzigartigen, weil breiten schriftlichen *und* fotografischen Überlieferung basierende Geschichte aus der Perspektive eines jungen Leutnants der deutschen Infanterie im Ersten Weltkrieg neu geschrieben werden konnte. Somit hat das Buch in der kaum noch überschaubaren Fülle der historisch-politischen Literatur zu den Ereignissen zwischen 1914 und 1918 ein Alleinstellungsmerkmal.

Fritz Rümmelein als Einjährig-Kriegsfreiwilliger beim neu aufgestellten Ersatz-Bataillon des Reserve-Infanterie-Regiments 88 in Hanau. Das Glasplattenfoto machte wahrscheinlich sein Freund Alfred Kießling.

August 1914 – Februar 1915

Mit Begeisterung in den Weltkrieg

Es ist ein wunderbarer Sommer in Deutschland, dieser Sommer des Jahres 1914. Wilhelm II., der im Vorjahr sein 25-jähriges Jubiläum als »Friedenskaiser« begangen hat, bereitet sich wie jedes Jahr auf seine Nordlandfahrt mit seinem Dampfer »Hohenzollern« vor. An einen Krieg denkt er genauso wenig wie die Allermeisten seiner Untertanen. Doch am 28. Juni erschüttert eine Nachricht Europa: Ein serbischer Nationalist hat in der bosnischen Hauptstadt Sarajewo den österreichisch-ungarischen Thronfolger Erzherzog Franz Ferdinand und dessen Ehefrau Herzogin Sophie von Hohenberg erschossen. Die Falken in Wien – nicht der alte Kaiser Franz-Joseph – sinnen auf Rache. Sie wollen Serbien abstrafen. Und Wilhelm II. gibt dem österreichischen Verbündeten dafür eine Blankovollmacht. Der stellt daraufhin Serbien ein Ultimatum, was dieses nur zum Teil erfüllt. Dem deutschen Kaiser reicht das. Er sieht jeden Kriegsgrund entfallen und geht auf seine Nordlandfahrt. Doch der schwächelnde österreichische Vielvölkerstaat eröffnet in dem Bewusstsein, das Deutsche Reich hinter sich zu haben, am 28. Juli nach der Kriegserklärung die Feindseligkeiten gegen Serbien.

Die Welt steht damit über Nacht vor einem großen Krieg. Denn Russland macht mobil und stellt Österreich ein Ultimatum, seine Truppen unverzüglich vom Boden des serbischen Verbündeten zurückzuziehen. Ein tödlicher Mechanismus wird nun in Gang gesetzt. Am 1. August erklärt das Deutsche Reich Russland den Krieg. Jetzt macht auch Frankreich, das mit dem Zarenreich verbündet ist, mobil, was zwei Tage darauf wiederum die Kriegserklärung Berlins nach sich zieht. Da das Heer Wilhelms II. gemäß dem Kriegsplan unverzüglich über Belgien nach Westen vorrückt, stellen nun die Briten den Deutschen ein Ultimatum, sich aus Belgien, dem sie die Souveränität garantiert haben, zurückzuziehen. Nachdem dieses verstrichen ist, erklären sie am 4. August und kurz darauf auch die Commonwealth-Staaten dem Deutschen Reich den Krieg.

Überall auf dem Kontinent werden die Menschen von einer regelrechten nationalen Hysterie erfasst. So ist es auch im Deutschen Reich. In den Städten kommt es zu Menschenansammlungen, die den Kaiser hochleben lassen. Vaterländische Lieder werden spontan angestimmt. Die Begeisterung scheint keine Grenze mehr zu kennen. Denn der Krieg, den sie meinen, ist ein anderer als der, der nun beginnt. Das letzte Völkerringen liegt mehr als 40 Jahre zurück. Nur noch die Großväter erzählen von 1870/71, verklärend, romantisierend von Kavallerieattacken und Artillerieduellen und

Die verschlafene Kleinstadt Zwiesel, das wirtschaftliche Zentrum im Bayerischen Wald, im Juli 1914 (oben). Die erwachsenen Angehörigen der Familie des wohlhabenden Holzhändlers Heinrich Rümmelein samt Personal vor ihrem Zwieseler Anwesen (unten)

natürlich vom deutschen Sieg über die Franzosen. Was kaum jemandem bewusst ist, sind die mörderischen Auswirkungen der industriellen Revolution auf Waffentechnik und Kriegführung.

Auch die Menschen im hessischen Hanau sind dem nationalen Taumel erlegen. Auch sie fiebern geradezu dem Krieg und dem erwarteten Sieg der deutschen Waffen entgegen. Tausende säumen die Straßen, als die Soldaten des Infanterie-Regiments 88 in den ersten Augusttagen mit klingendem Spiel aus der Garnisonsstadt ausrücken. Mütter winken ihren Söhnen zu, Frauen ihren Männern und Kinder ihren Vätern. Es regnet Blumen auf sie nieder, Blumen, die dann aus den Gewehrmündungen ragen. Vor den Meldestellen des preußischen Heeres stehen derweil junge Männer. Sie alle wollen auf dem Feld der Ehre, wie man das Schlachtfeld damals genannt hat, ihre patriotische Pflicht erfüllen. Sie wollen in Deutschlands größter Stunde, die sie heraufziehen sehen, mit dabei sein.

Unter ihnen ist auch der schmächtige, gerade 19 Jahre alt gewordene Fritz Rümmelein. Er ist am 9. August 1895 als Sohn eines wohlhabenden Holzhändlers im niederbayrischen Zwiesel geboren und dort auch aufgewachsen. Vater Heinrich ist ein aus dem Alemannischen stammender Protestant. Mutter Karolina ist katholisch und kommt aus dem Bayerischen Wald. Die Rümmeleins, allen voran Familienoberhaupt Heinrich, sind national orientiert. Sie verehren den Hohenzollern-Kaiser. In ihrem Wohnzimmer hängt dann auch sein Bildnis und nicht das des bayerischen Prinzregenten. Vaterlandsliebe und unbedingte Treue sind die Werte, die die Eltern ihren fünf Kindern, insbesondere den vier Jungs, vermitteln. Die wachsen in einer beschaulichen Welt auf, zu der die weiten Wälder um den Großen Arber ebenso gehören wie das väterliche Sägewerk oder das Haus am Stadtrand von Zwiesel.

Fritz, der älteste der Rümmelein-Kinder, ist nach Regensburg auf das Königliche Alte Gymnasium geschickt worden, denn als Protestant ist ihm der Zugang zu einer der näher gelegenen katholischen Klosterschulen verwehrt. Der Junge fühlt sich auf dem humanistischen Elite-Gymnasium, auf dem er Griechisch und Latein lernen muss, aber

Fritz Rümmelein beim Zitherspiel. Der erstgeborene Sohn der heimatverbundenen Familie trägt Lederhose und Trachtenhut.

Familie Rümmelein im Schnee. Auf Skiern (von links nach rechts) die Söhne Fritz, Eugen, Heinrich und Wilhelm. Auf Schlitten die kleine Tochter und Mutter Karolina (Lina) sowie Familienoberhaupt Heinrich. Um 1910

nicht so recht wohl. Seine schulischen Leistungen sind daher zumeist nur »genügend«, wie aus den heute noch existierenden Zeugnissen hervorgeht. Nur in Geschichte, Religion und Sport kann er gute Noten vorweisen. Den Vater lässt er daher 1913 wissen, dass er heuer, wenn er »durchkomme«, was Gott geben möge, aus der Schule austreten und ins Geschäft eintreten werde. »Lieber plag ich mich einmal als Kaufmann, als dass ich mich noch 10–15 Jahre herumschlag und dann erst angestellt werde. Dann verdien ich mir ehe mein Brot und mach Euch, liebe Eltern, keine so großen Kosten mehr.« Seine Lehrer bestärken ihn darin. »Er tut (...) gut daran, sich einer anderen Laufbahn zuzuwenden«, haben sie ihm ins Zeugnis geschrieben. So ist Fritz in die Fußstapfen des Vaters getreten. Deshalb hat er eine Ausbildung bei Conrad Fuss begonnen, einem der Familie bekannten Geschäftsfreund, der in Hanau eine große Holz- und Kohlenhandlung betreibt.

Doch all das tritt durch die Ereignisse des Sommers 1914 für Fritz, der sich bei Fuss durch Engagement und Einsatz hervorgetan hat, in den Hintergrund. Denn er will nicht abseitsstehen, wenn das Kaiserreich nunmehr zu neuen Ufern aufbricht und sich den Platz in der Welt erobert, der ihm nach Auffassung der allermeisten Deutschen, und damit auch der von Fritz, längst ge-

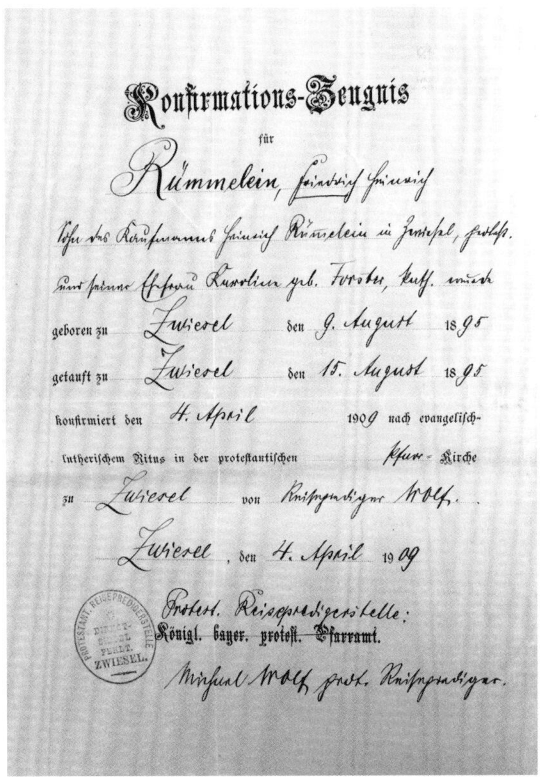

Konfirmations-Zeugnis
für
Rümmelein, Friedrich Heinrich
Sohn des Kaufmanns Heinrich Rümmelein in Zwiesel, protest. und seiner Ehefrau Karoline geb. Forster, kath. ...
geboren zu Zwiesel den 9. August 1895
getauft zu Zwiesel den 15. August 1895
konfirmiert den 4. April 1909 nach evangelisch-lutherischem Ritus in der protestantischen Pfarr- Kirche
zu Zwiesel von Reiseprediger Wolf.
Zwiesel, den 4. April 1909
Protest. Reisepredigerstelle: ~~Königl. bayer. protest. Pfarramt.~~
Michael Wolf, prot. Reiseprediger.

Als Zögling des Königlichen Alten Gymnasiums zu Regensburg (zweiter von links sitzend). Sein Konfirmationszeugnis (rechts)

bührt. Am 2. August hat er sich daher als Einjährig-Kriegsfreiwilliger beim neu aufgestellten Reserve-Infanterie-Regiment 88 (R. I. R. 88) in Hanau gemeldet. Alles mutet für Fritz an wie ein großes Abenteuer. Und im Übrigen ist auch er, wie die meisten seiner Kameraden, der Überzeugung, dass sie nach siegreichen Feldzügen zu Weihnachten wieder daheim sind.

Am 7. August beginnt die Ausbildung der Freiwilligen, die in den Bezirksschulen I und II am Johanneskirchplatz einquartiert worden sind. Der Hanauer Historiker Jens Gustav Arndt schreibt über diesen Tag: »Bei strömenden Regen standen (...) über 500 Kriegsfreiwillige im Hofe der Infanteriekaserne am Paradeplatz, begrüßt von Oberstleutnant Hardt, Kommandeur des Ersatzbataillons R.I.R. 88 Hanau, dessen Rekrutendepot sie bilden sollten.« Sie alle seien zumeist recht jung gewesen und sollten in nur sieben Wochen zu einer »fronttauglichen« Truppe geformt werden. Die militärische Ausbildung, die sie erhalten, ist infolgedessen unzulänglich: preußischer Drill, ob beim Exerzieren, der Leibesertüchtigung oder beim Umgang mit den Waffen, allen voran mit dem Gewehr 98, der »Braut« des Soldaten. Die infanteristische Gefechtsausbildung beschränkt sich auf ein paar Orientierungsmärsche. Am 18. August 1914 schreibt der Rekrut aus Zwiesel in die niederbayerische Heimat, »als Soldat heißt's früh aufstehen. (...) Wir werden schon stramm exerziert. Seit Sonntag haben wir unsere Gewehre. (...) Um 6 Uhr geht's mit Gewehr auf den Exerzierplatz. Leider ist das Wetter zur Zeit sehr schlecht. Lasst bitte bald wieder was hören. In treuer Liebe grüßt Euch Euer Fritz.«

Während der Rekrut dem Einsatz an der Front im patriotischen Hochgefühl entgegenfiebert, ahnt er nicht, dass der deutsche Kriegsplan nicht so umgesetzt werden kann, wie es sich die Oberste Heeresleitung unter Moltke eigentlich vorgestellt hat. An der Westfront hat der Schlieffenplan modifiziert werden müssen. Ursprünglich ist vorgesehen gewesen, in einer großen Umfassungsoperation von Norden her, also über Belgien, die Franzosen nach Süden Richtung Schweizer Grenze zu drücken und gleichzeitig von Lothringen aus vorzustoßen. Erst nach einem schnellen Sieg über Frankreich sollte dann das Gros des deutschen Heeres nach Osten verlegen, um die Armeen des Zaren niederzuringen. Doch der erbitterte Widerstand der Belgier, die Offensive der Franzosen von Lothringen aus sowie der frühe Vorstoß der Russen nach Ostpreußen hat Umplanungen erfordert. Paris wird nicht mehr westlich umgangen. Die deutschen Armeen führen ihre Umfassungsoperation vielmehr östlich an der französischen Hauptstadt vorbei.

An der Marne sind die Franzosen unter ihrem Oberbefehlshaber Joffre, unterstützt vom britischen Expeditionskorps unter French, Anfang September zum Großangriff gegen die Flanke der bereits an Paris vorbei nach Süden vorgerückten deutschen Armeen angetreten. Deren Armeeoberbefehlshaber von Kluck und von Bülow haben sich daraufhin ob der Frage, sich nunmehr der Entscheidungsschlacht zu stellen oder nicht, in die Haare bekommen. In der Obersten Heeresleitung im dreihundert Kilometer hinter der Front liegenden Luxemburg haben sie daraufhin die Übersicht und bald auch die Nerven verloren – und dies, obwohl die Ausgangslage überaus günstig gewesen ist. Moltke hat schließlich die Rücknahme der Front an die Aisne befohlen.

Für die Franzosen, deren Regierung sich bereits am 3. September von Paris nach Bordeaux abgesetzt hat, ist der überstürzte, großräumige Rückzug der Deutschen völlig überraschend gekommen. Sie sprechen bald vom »Wunder an der Marne«. Und auf deutscher Seite, wo Moltke durch Falkenhayn als Chef der Obersten Heeresleitung abgelöst worden ist, hadert man über die vertane Chance, den Krieg im Westen rasch zu entscheiden. Bei den einfachen Soldaten, wie

Die Hanauer Infanterie-Kaserne am Freiheitsplatz, in der Fritz Rümmelein seinen Dienst als Einjährig-Freiwilliger antritt (oben). Eine Korporalschaft des Reserve-Infanterie-Regiments 88 in Hanau, die die Infanterie-Ausbildung der Rekruten besorgt (unten)

bei Fritz Rümmelein, kommt so etwas freilich nicht an. Dort glaubt man unverbrüchlich an die Unbesiegbarkeit des kaiserlichen Heeres.

Dieser Glaube ist bald darauf bei der Schlacht an der Aisne auf eine harte Probe gestellt worden. 26 französische Divisionen unter Joffre und sechseinhalb britische unter French haben Mitte September zwischen Noyon, Soissons und Reims die deutschen Linien durchbrechen wollen. Im Zentrum der Offensive hat der Chemin des Dames, eine Hügelkette südlich von Laon, gestanden. Doch die deutschen Stellungen haben dem Ansturm von Hunderttausenden standgehalten.

Die Schlacht ist bereits vorüber, als der notdürftig ausgebildete Infanterist Fritz Rümmelein am 1. Oktober mit seinem Ersatz-Bataillon, angeführt von einem aufspielenden Musikzug, Richtung Hanauer Ost-Bahnhof ausrückt. Arndt berichtet darüber, dass die jungen Soldaten von einer Menschenmenge mit Liebesgaben aller Art überschüttet worden seien. Nach einem letzten Antreten habe sich der Sonderzug in Richtung Gunthersblum in Bewegung gesetzt. Dort sei die Einkleidung in feldgrau erfolgt. Bevor sie von Hanau aufgebrochen sind, hat Fritz noch eine Einverständniserklärung des »gesetzlichen Vertreters« einreichen müssen, denn er ist noch keine 21 Jahre alt und damit nicht volljährig. Für seinen durch und durch patriotischen Vater ist die Unterschrift eine Frage der Ehre und damit eine Selbstverständlichkeit.

Am 3. Oktober geht es von Gunthersblum Richtung Front, den Rhein hinab über Boppard in das Moseltal, Cochem, Trier, Luxem-

Fritz Rümmeleins von einem Musikzug angeführtes Ersatz-Bataillon beim Erreichen des Ostbahnhofs am 1. Oktober, wo es verladen wird (oben). Der Rekrut im Hanauer Stadtpark im flickenbesetzten Rock, da nicht genug Uniformen zur Verfügung stehen (linke Seite)

burg; Belgien, Sedan und weiter in die Champagne nach Cernay-en-Dormois. Nach drei Tagen Eisenbahn und Fußmarsch haben die Männer unter Absingen patriotischer Lieder die Aisne-Front erreicht. Am Oberlauf des Flusses, dort, wo die Argonnen in die östliche Champagne auslaufen, liegt die 21. Reserve-Infanterie-Division, der Fritz Rümmeleins 88. Reserve-Infanterie-Regiment angehört. Die Division, die Teil der vom preußischen Kronprinzen Wilhelm kommandierten 5. Armee ist, hat an der Marne-Schlacht teilgenommen und ist erst seit Mitte September in der östlichen Champagne. Ende des Monats haben sie den Bois de Ville erstürmt, ein Waldgebiet, das im Süden von Ville-sur-Tourbe und im Südosten von Servon begrenzt ist. Etwas nördlich von diesen Orten, bei der Briqueterie, einer alten Ziegelei, ist das 88. Reserve-Infanterie-Regiment zum Bau beziehungsweise Ausbau der Stellungen eingesetzt. Am 5. November schreibt Fritz, der im II. Bataillon dient, seinem Großvater aus einem nahegelegenen Waldlager im Bois de Ville: »Wir liegen immer noch hier; zur Zeit sind wir mehr Pioniere denn Infanterie.« Er meint noch, »dass wir hier auch so schnell nicht wegkommen«. Alles ist sehr ernüchternd.

Nebenbei macht Fritz noch etwas anderes: Er fotografiert, denn er besitzt seit einigen Wochen eine 6 x 6 Kamera. Er lichtet den Ausbau der Gräben ab, das Leben der Solda-

Erklärung

des gesetzlichen Vertreters zu dem Diensteintritt als Einjährig-Freiwilliger.

Ich erteile hierdurch meinem Sohne ~~Mündel~~ Friederich Rümmelein geboren am 9. August 1895 zu Zwiesel meine Einwilligung zu seinem Diensteintritt als Einjährig-Freiwilliger und erkläre gleichzeitig:

a) dass für die Dauer des einjährigen Dienstes die Kosten des Unterhalts mit Einschluss der Kosten der Ausrüstung, Bekleidung und Wohnung von dem Bewerber getragen werden sollen;

b) dass ich mich dem Bewerber gegenüber zur Tragung der Kosten des Unterhalts mit Einschluss der Kosten der Ausrüstung, Bekleidung und Wohnung für die Dauer des einjährigen Dienstes verpflichte und dass, soweit die Kosten von der Militärverwaltung bestritten werden, ich mich dieser gegenüber für die Ersatzpflicht des Bewerbers als Selbstschuldner verbürge.

Zwiesel, den 25. September 1914

Heinrich Rümmelein

Vorstehende Unterschrift des [illegible] Rümmelein

und zugleich, ~~dass der Bewerber~~ der Aussteller der obigen Erklärung nach [illegible] en Vermögensverhältnissen zur Bestreitung der Kosten fähig ist, wird hiemit obrigkeitlich bescheinigt.

Zwiesel, den 31. Ottober 1914

(L. S.) Bürgermeisteramt Zwiesel

J. O. Ratz

MAGISTRAT DER K. B. STADT ZWIESEL

Volljährig ist im Kaiserreich, wer das 21. Lebensjahr erreicht hat. Deshalb muss Heinrich Rümmelein als gesetzlicher Vertreter für seinen gerade einmal 19 Jahre alten Sohn eine Einverständnis-Erklärung abgeben (oben). Das angetretene Ersatz-Bataillon auf dem Weg zum Einsatzgebiet in der östlichen Champagne (rechte Seite)

ten im Waldlager und immer wieder die Kameraden. Er fotografiert aber auch die Landschaft und die zerschossenen Dörfer. Er schickt die Filme seinem Hanauer Freund Alfred Kießling, bei dessen Familie er während seiner Ausbildung bei Conrad Fuss gewohnt hat. Der lässt sie entwickeln und von jeder Aufnahme jeweils zwei Abzüge machen. Einen Satz schickt er nach Zwiesel, wo sich Bruder Heinz der Sache annimmt. Der andere verbleibt in Hanau. Wenn Fritz Fronturlaub hat, fertigt er später verloren gegangene Listen an, was auf den Bildern zu sehen ist, damit er später – wenn der Krieg vorüber ist – es noch weiß.

An der östlichen Aisne-Front ist es in diesen Herbsttagen relativ ruhig. Ab und zu ein paar Leuchtkugeln oder einige Artillerie-Salven erinnern daran, dass der Feind keine hundert Meter entfernt von den eigenen Gräben steht. Das Kampfgeschehen an der Westfront hat sich derweil nach Norden verschoben, über Arras, La Bassée, schließlich auf belgisches Territorium über Ypern bis nach Ostende und Zeebrügge. Immerhin kommen von dort auch deutsche Siegesmeldungen. Mitte Oktober fällt das französische Lille und endlich auch das belgische Antwerpen, beides von strategischer Bedeutung. Mit der Kapitulation Ostendes bricht der belgische Widerstand zusammen.

Während Fritz immer noch Gräben aushebt und Schwielen an den Händen hat, beginnt oben im Norden Mitte November an der Mündung der Yser die erste Flandernschlacht. Falkenhayn will die Franzosen an der Küste umfassen und von den Briten trennen. Bei dem erfolglosen Unternehmen wird von einem bis dato unbekannten Ort Langemarck berichtet, dass die jungen Regimenter unter dem Gesang »Deutschland, Deutschland über alles« heldenhaft gegen die erste Linie der feindlichen Stellungen angerannt seien und sie genommen hätten. Von dem hohen Blut-

Der Stab der 21. Reserve-Infanterie-Division. In der Mitte sitzend ihr Kommandeur General Ludwig von Schwerin (oben). Das Château Francs Fossés, von Februar 1915 an Sitz des Divisionsstabes (unten). Das angetretene Reserve-Infanterie-Regiment 88 (rechte Seite)

Die zerschossene Briqueterie (Ziegelei), die der deutschen Stellung südlich des Bois de Ville ihren Namen geben wird (rechts)

Linke Seite im Uhrzeigersinn: Das Gehöft im Bois de Ville. Bis zu seiner Zerstörung durch französische Artillerietreffer um Weihnachten 1914 Gefechtsstand des Reserve-Infanterie-Regiments

Kameraden von Fritz Rümmeleins Bataillon während der Ruhe im Waldlager des Bois de Ville nicht weit hinter der Frontlinie

Gulaschkanone unter Dampf. Für die Versorgung der Truppe ist ein enormer logistischer Aufwand erforderlich. Und dies Tag für Tag

Männer des 88. Reserve-Infanterie-Regiments beim Stellungsbau, bei dem Tausende Sandsäcke geschleppt werden müssen

zoll, den sie zahlten, ist im Heeresbericht nichts zu lesen. Die, die dort starben, sind junge Männer gewesen, wie Fritz Rümmelein, schlecht ausgebildet und voller Idealismus und Vaterlandsliebe.

Die Feuertaufe erhält das Regiment von Fritz, als es an Weihnachten 1914 aus der Ruhe nach vorne in die Briqueterie-Stellung verlegt wird. Sie gerät für ihn und für die meisten seiner Kameraden zum Schock. Denn mit den Vorstellungen, die sie vom Krieg gehabt haben, hat das nichts zu tun, als eine höllische Artillerie-Kanonade der Franzosen beginnt. Major Bothe vom R.I.R. 88 schreibt von einem »unheimlichen Sausen, Fauchen und Zischen, das die nahenden schweren Granaten anzeige. Zehn Meter hohe Rauch- und Lehmsäulen steigen beim Einschuss wie Fontänen aus dem Erdboden, klatschend peitschen die Sprengstücke und Erdschollen den Boden (…) Ein ununterbrochenes Dröhnen, stärker als Gewitterdonner, erfüllt die Luft.«

Nach tagelangen Artillerie-Duellen treten zwei französische Armeekorps auf der Linie Prosnes-Perthes-Massiges zum Großangriff an, um die deutsche Aisne-Front zu durchbrechen. Dabei hat Fritz noch Glück, denn die 88er liegen nicht im Zentrum des Kampfgeschehens. Das liegt etwas westlich vom Bois de Ville, vor dem Hügel, dem die Deutschen den Namen »Kanonenberg« gegeben haben, weil an dessen, dem Feind abgewandter Seite, die Artillerie in Stellung gegangen ist. Der »Kanonenberg« ist ein »Finger« des Höhenzuges, der »Main de Massiges« (Hand von Massiges). Dort toben die erbittertsten Kämpfe. Am grausamsten ist das Gemetzel

Die Ruine der Kirche von Cernay-en-Dormois, Symbol der erbitterten Kämpfe in der östlichen Champagne (oben)

Rechte Seite im Uhrzeigersinn: Der noch bewaldete Kanonenberg, wie ihn die Deutschen nennen. Bald wird er infolge der erbitterten Kämpfe kahl geschossen sein.

Fritz Rümmelein mit dem Mehrladegewehr 98, der Standard-Waffe der deutschen Infanteristen im Ersten Weltkrieg

Auf Posten im Beobachtungs-Unterstand. Die Sandsäcke bieten Schutz vor Gewehrfeuer, nicht aber vor einschlagenden Artillerie-Granaten.

Gefallener Franzose. Die Bergung der Leichen ist mitunter nicht möglich, sodass sie liegenbleiben und verwesen.

beim Ringen um die etwas südlich vom »Kanonenberg« gelegene, operativ wichtige Höhe 191, die nach zwei Wochen unter furchtbaren Verlusten von französischen Kolonial-Regimentern genommen wird.

Im Januar – die Franzosen setzen ihre Offensive mit unerbittlicher Härte fort – wird das Hanauer Regiment aus der Kampflinie herausgelöst und bezieht Ruheraum in Challerange, ein paar Kilometer hinter der Front. Fritz hat jetzt Zeit zu schreiben, seinen Eltern, den Geschwistern Wilhelmine, Eugen und Heinz, dem Großvater, dessen Namen er trägt, aber auch den Freunden in Hanau. Die Feldpostbriefe und -karten des Infanteristen, atmen nichts mehr von den Zeiten des patriotischen Überschwangs zu

Eine der vielen Postkarten, die Fritz Rümmelein von der Front an seine Familie in Zwiesel schickt. Das Feldpost-System, das die einzige Verbindung der Soldaten in die Heimat ist, funktioniert schnell und zuverlässig.

Kriegsbeginn. Es sind oftmals nur Lebenszeichen, in Grüßen vom »getreuen Fritz« verpackt, für »die Lieben daheim«. Ihm gehe es gut, beteuert er immer wieder. Kein Wort vom Grauen oder von der verdrängten Angst, will er doch die Angehörigen in der Heimat nicht noch mehr beunruhigen, als sie es ohnehin schon sind. Und berichtet Fritz einmal vom Krieg, so sind es nur nichtssagende Erläuterungen. So schreibt er am 23. Januar 1915 auf eine an die Familie Heinrich Rümmelein adressierte Feldpostkarte, die die zerschossene Kirche von Cernay-en-Dormois zeigt: »So sehen hier auf dem Kriegsschauplatz leider viele Kirchen aus. Challerange ist noch gut erhalten, ganz wenig zerstört.«

So sehr Fritz das eigentliche Kriegsgeschehen in seiner Korrespondenz mit der Heimat ausspart, so sehr klingt darin sein unverbrüchliches Pflichtbewusstsein an. Schwäche zu zeigen, gehört sich ohnehin nicht für einen deutschen Kämpfer. »Hoffentlich können wir bald wieder vor«, schreibt er auf der Postkarte vom 23. Januar 1915. Nur wenige Tage darauf ist es soweit. Das R.I.R. 88 wird wieder zum Ausbau der teilweise zerschossenen Briqueterie-Stellungen eingesetzt. Doch das Unterfangen muss abgebrochen werden, denn in den Gräben steht das Wasser, dem man nicht Herr geworden ist. Hinzu ist das an- und abschwellende Feuer der französischen Artillerie gekommen, dass nicht nur die Stellungen, sondern auch den Gefechtsstand des Regiments im Bois de Ville, der in einem Gehöft untergebracht ist, in Mitleidenschaft gezogen hat.

Am 3. Februar ist dann auch das R.I.R.88 im Einsatz, als mehrere deutsche Regimenter die Höhe 191 nördlich von Massiges zurückerobern. Mineure haben unterirdische Stollen in Richtung der französischen Stellungen getrieben, sie mit 300 Zentnern Schwarzpulver und Dynamit verfüllt und in die Luft gejagt. In Hermann Stegemanns Geschichte des Krieges aus dem Jahr 1919 heißt es dazu: »Da barst um die Mittagsstunde die Höhe 191 an drei Stellen auseinander. Drei deutsche Minen (!) hatten sich entladen und speien Rauch, Erdreich und zerschmetterte Grabenverschanzungen aus, die mit dem Donner der Entladung den Einsturz der französischen Kuppenstellung verkündeten. Zugleich setzte schweres Artilleriefeuer ein und zerwühlte eine Stunde lang die zur Höhe führenden französischen Linien. Dann stürmte die Infanterie die rauchende Kuppe.« Mit dabei ist Fritz Rümmeleins 6. Kompanie. Gegenangriffe französischer Sturmabteilungen werden abgewiesen. Fünf Tage später ist Fritz bei der Truppenparade vor Kronprinz Wilhelm auf einem Feld bei Autry mit dabei. Der Oberbefehlshaber der 5. Armee ist gekommen, um den siegreichen Erstürmern von Massiges zu danken und sie auszuzeichnen. In der Divisionsgeschichte aus dem Jahr 1918, für die Fritz Rümmelein einige Fotographien begesteuert hat, heißt es darüber: »Es

Challerange hinter der Front. Bevölkert von Truppenteilen, die zur Regeneration aus der Front herausgelöst sind

war ein Anblick von packender und ergreifender Wucht; die Kompanien zum Teil stark gelichtet, aber in einer Straffheit und mit einem Schwung, dass das Herz jedes Zuschauers höher schlagen musste.«

Als Joffre seine Truppen Mitte Februar auf dem zwanzig Kilometer breiten Frontabschnitt abermals zur Offensive antreten lässt, und die Winterschlacht in der Champagne in eine neue Phase tritt, hat Fritz sein Regiment bereits verlassen. Der soeben mit dem Eisernen Kreuz Zweiter Klasse Ausgezeichnete ist nämlich als ehemaliger Gymnasiast zum Reserveoffiziers-Lehrgang nach Elsenborn kommandiert worden. Be-

vor er sich beim Ausbildungskursus 8 auf dem Truppenübungsplatz in der Westeifel meldet, verbringt er noch einige Tage in Zwiesel, wo die Familie glücklich ist, ihren Fritz gesund in die Arme schließen zu können. Es hat einen Zwischenstopp in Hanau eingelegt, wo er Alfred Kießling trifft und die entwickelten Filme begutachtet. Fritz kommt dort auch mit Arbeitskollegen zusammen, die noch nicht den feldgrauen Rock des Kaisers tragen. Wie die vom Krieg reden, ebenso, wie man sich diesen in der Heimat vorstellt und wie ihn sich auch er vorgestellt hat, bevor er ins Feld gezogen ist, will so gar nicht zu seiner Befindlichkeit passen.

Anstelle des fremd gewordenen Lebens in der Heimat tritt sehr bald der Schliff der preußischen Reserveoffiziers-Ausbildung. Gestern sei er angekommen. Es liege viel Schnee hier. Die Unterkunft gefalle ihm ganz gut, schreibt er am 19. Februar 1915 an die Seinen in der niederbayerischen Heimat. In Elsenborn soll er mit anderen Lehrgangsteilnehmern, die soeben noch selbst einfache Infanteristen gewesen sind, im Schnelldurchgang dazu befähigt werden, junge Männer in den Kampf zu führen. Neben den Prinzipien der militärischen Menschenführung, die man ihnen beibringt, erhalten sie auch eine Einweisung in moderne Waffen, wie die in das Maschinengewehr 08, das sechshundert Schuss in der Minute abfeuern kann. Fritz Rümmelein, der von guter körperlicher Konstitution ist und einen starken Willen besitzt, absolviert den Lehrgang mit Erfolg.

Daheim sind sie alle stolz auf den Offiziersaspiranten. Die Euphorie des August

Linke Seite: Infanterist aus Rümmeleins Bataillon. Die Kämpfer sind schlecht ausgerüstet und verfügen noch nicht einmal über Stahlhelme.

Unterstand bei schlechtem Wetter. Er wird zur matschigen Höhle, in der ohne Feindeinwirkung die Gesundheit arg strapaziert wird.

Ein nicht ungefährlicher Blick Fritz Rümmeleins (links) hinüber zu den nahegelegenen französischen Stellungen

Auf ein Opfer lauernder deutscher Scharfschütze. Die kleinste Unvorsichtigkeit im feindlichen Graben kann den Tod bedeuten.

Unten: Von Granateinschlägen zerwühltes Gelände vor der Briqueterie-Stellung. Angreifern bietet die Kraterlandschaft in der Todeszone Schutz vor dem feindlichen Feuer.

Deutsche Soldatengräber auf dem Kameradenfriedhof von Cernay-en-Dormois. In der Anfangszeit des Weltkrieges werden den Gefallenen mitunter sogar Grabsteine gesetzt (oben).

Holzkreuze markieren die Gräber französischer Verteidiger im Sprengkrater auf der Höhe 191. Die Gefallenen sind wegen des anhaltenden Beschusses nicht geborgen worden (rechts).

Linke Seite: Besuch des Kronprinzen Wilhelm bei den Erstürmern der Höhe 191 bei Massiges, zu denen auch der mit dem Eisernen Kreuz Zweiter Klasse ausgezeichnete Fritz Rümmelein gehört (links oben)

Die gewaltigen Krater auf der Höhe 191. Deutsche Mineure haben unterirdische Stollen unter die französischen Stellungen gegraben und 300 Zentner Sprengstoff gezündet (links unten).

Truppenübungsplatz Elsenborn
Totalansicht

Verlag u. Eigentum Paul Förster, Elsenborn
53
Feldpost
23. II.
ELSENBORN
18.2.15.3-4 N.
ÜBUNGSPLATZ
Niederbayern.

Fritz Rümmelein in Hanau Anfang Februar 1915. Das Glasplattenfoto entstand kurz vor seiner Abreise zum Reserveoffiziers-Lehrgang nach Elsenborn (rechts).

Linke Seite: Postkarte vom Truppenübungsplatz Eschborn in der Westeifel. Abertausende Männer durchlaufen hier ihre militärische Ausbildung.

Rückseite der Postkarte: Fritz Rümmelein schreibt an »die Lieben« in der Heimat, dass er gut angekommen sei und dem Ausbildungskursus 8 angehöre.

1914 ist dort gedämpft. Von einem schnellen Krieg und Sieg über die Welt von Feinden, zu denen bald auch Italien gehören wird, ist keine Rede mehr. Freilich, im Osten ist seit dem Sieg Hindenburgs über die Russen bei Tannenberg ein vielversprechender Bewegungskrieg in Gang gekommen, in dessen Folge die Russen aus Ostpreußen hinausgeworfen worden sind. Und auch nach der Enttäuschung über die Österreicher auf dem Balkan haben deutsche Truppen dort die Initiative zurückgewonnen. Doch im Westen ist der Krieg, der dort hat entschieden werden sollen, zum Stellungskrieg, zum Abnutzungskrieg erstarrt, bei dem die Initiative bei Franzosen und Engländern liegt. Als bedrohlich wird auch die britische Seeblockade angesehen, die das Kaiserreich wirtschaftlich in die Knie zwingen soll. Ein Ende des Weltkriegs liegt in weiter Ferne.

Der Reserveoffiziers-Ausbildungskursus 8. Die Teilnehmer werden im Schnelldurchgang dazu befähigt, junge Männer in den Kampf zu führen. Fritz Rümmelein, der den Lehrgang mit gutem Erfolg abschließt, sitzt in der ersten Reihe ganz links.

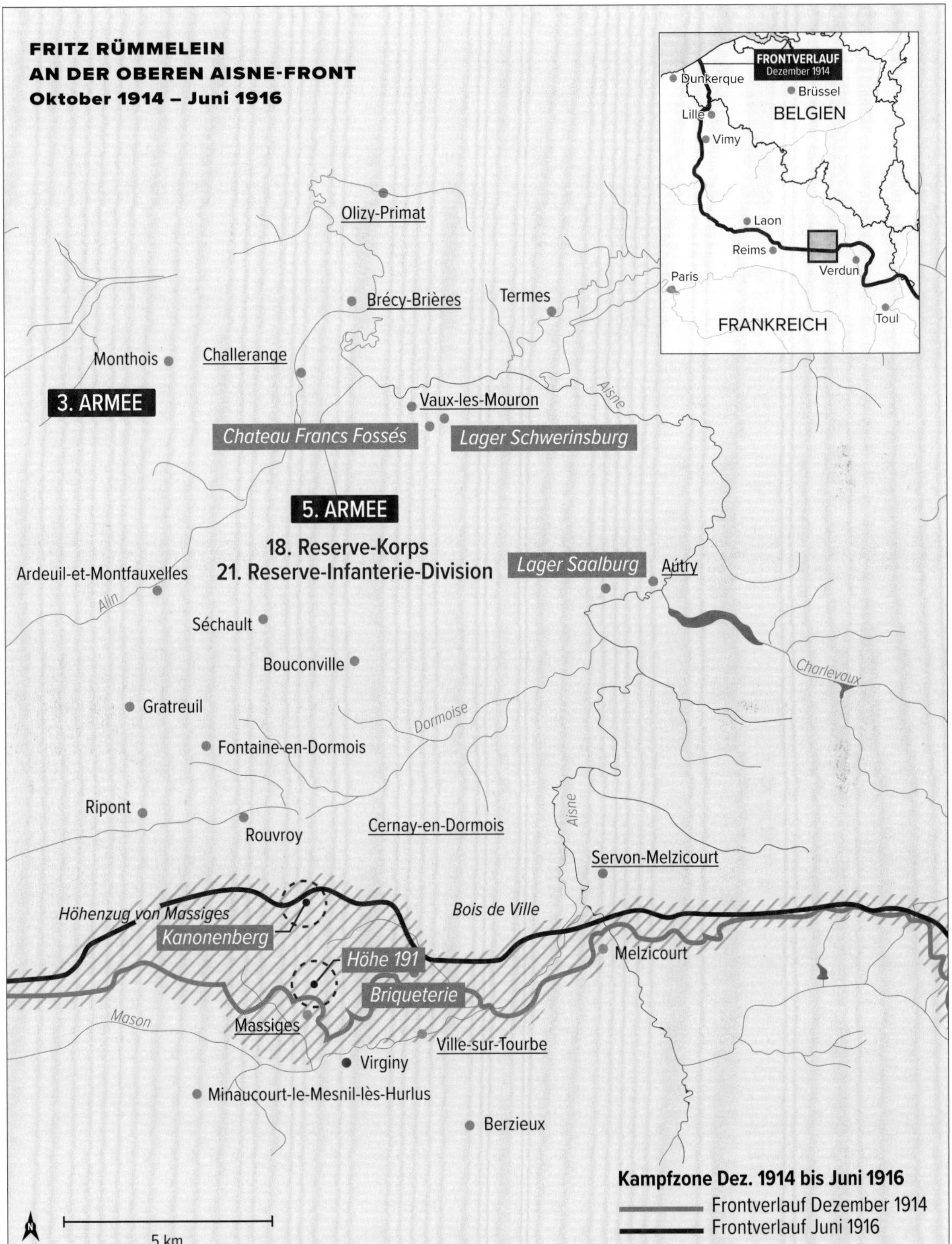

Der Einsatzraum von Fritz Rümmelein an der oberen Aisne. Die Unterstreichungen unter den Namen der Dörfer markieren sie als Schauplätze, an denen Fritz Rümmelein gewirkt hat; handelt es sich um militärische Lokationen, sind deren Namen kursiv und grau unterlegt.

Der frischgebackene Infanterie-Leutnant in der Briqueterie-Stellung im Frühjahr 1915. Er dient jetzt als Zugführer im III. Bataillon des 87. Reserve-Infanterie-Regiments, das gleich neben dem 88. liegt.

März 1915 – Juni 1916

In der östlichen Champagne

Fritz Rümmelein ist soeben von Elsenborn an die Front zurückgekehrt, als er am 22. März 1915 zum Leutnant der Reserve befördert wird. Er dient jetzt als Zugführer in der 4. Kompagnie des III. Bataillons des 87. Reserve-Infanterie-Regiments. Die in Mainz aufgestellte Truppe untersteht ebenfalls der 21. Reserve-Division. Ihr Einsatzort ist wie der des Hanauer 88. Reserve-Infanterie-Regiments der Oberlauf der Aisne, dort, wo sich der Höhenzug von Massiges erstreckt. Er ist dem ganzen Februar hart umkämpft gewesen. Um jeden Meter ist erbittert gefochten worden. Immer wieder hat die französische Führung Kolonialregimenter in den Kampf geworfen. Doch sie werden unter schweren eigenen Verlusten von den Verteidigern niedergemacht, sodass die Winterschlacht in der Champagne nach wochenlangem Kampf nicht einmal mit einem Teilerfolg für die Franzosen endet.

Als Fritz ankommt, sind oben zwischen Arras und La Bassée erstmals Franzosen und Briten zusammen mit einer gewaltigen Streitmacht zum Großangriff auf die deutschen Linien angetreten. Unten an der Aisne richten sie die Gräben wieder her und bergen die Gefallenen. Die toten Feinde werden an Ort und Stelle mit ein paar Schaufeln Erde bedeckt. Mit einem Holzkreuz wird das Soldatengrab markiert. Die eigenen umgekommen Kameraden werden geborgen und auf improvisiert angelegten kleinen Soldatenfriedhöfen oder auf Gemeindefriedhöfen im rückwärtigen Raum beigesetzt, nachdem die Erkennungsmarke, die die Identifizierung der oftmals zerfetzten Körper ermöglicht, gesichert ist. Durchbrochen wird die relative Ruhe von der französischen Artillerie, die immer wieder ein paar tödliche Grüße herüber zu den verhassten Deutschen schickt. Das stresst aber nur noch wenige, waren es doch soeben noch 650 bis 700 Granaten, die täglich alleine im Bereich von Fritz' Regiment eingeschlagen sind.

So gehen die Tage an der oberen Aisne ins Land. Bis der 15. Mai 1915 kommt und schweres französisches Artilleriefeuer die Männer des 87. Reserve-Infanterie-Regiments überrascht. Deren Stellungen werden regelrecht umgepflügt, viele Feldgraue getötet oder verschüttet. Die deutsche Artillerie erwidert mit ihren Feldkanonen und Feldhaubitzen das Feuer. Als die Kanonade abebbt, stürmen – wie aus dem Nichts – französische Infanteristen die deutschen Linien. Bei dem Ort Ville-sur-Tourbe gelingt dem Feind der Einbruch in die deutschen Gräben oder was von diesen noch übrig ist. Es kommt zu einem furchtbaren Gemetzel mit Seitengewehr, Gewehrkolben, Klappspaten und Handgranaten. Auf den schlammig-blutig-roten Böden der Gräben türmen sich die Körper der Toten und Verwundeten, als

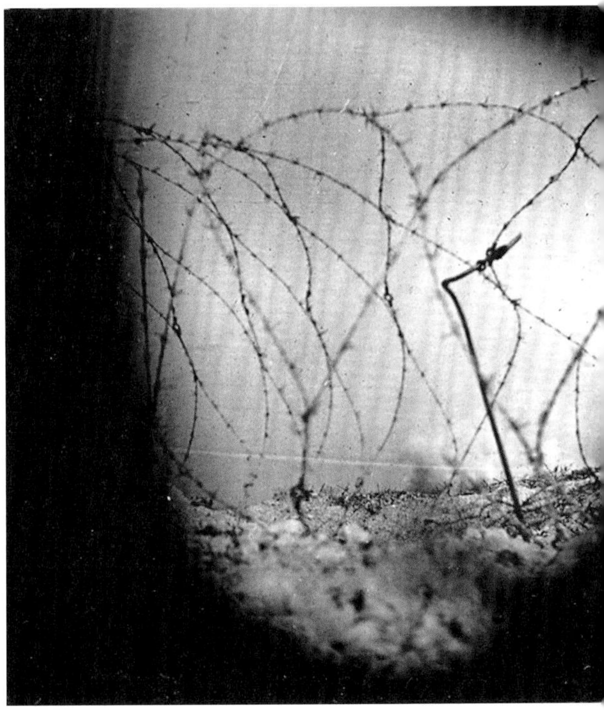

vom Bataillons-Gefechtsstand der Rückzug befohlen wird. Zugführer Fritz Rümmelein gehört zu denen, die die rückwärtigen Auffangstellungen lebend erreichen. Am Ende wird aber fast das ganze Bataillon bei dem Gefecht aufgerieben. »Mit Grauen« wird Fritz später an diesen Tag zurückdenken, an dem so viele seiner Kameraden gefallen sind. Doch bei den Angreifern sind die Verluste noch verheerender – und alles für ein paar hundert Meter Geländegewinn.

Der 19 Jahre alte Fritz schreibt in diesen Tagen viele Feldpostkarten in die Heimat, so als suche er Halt. Er schreibt der »lieben Mama«, dem »liebsten Vater« und auch dem »liebsten Großvater«. Oft sind es nur zwei Sätze, dass es ihm gut gehe und dass sie ihm möglichst bald wieder schreiben mögen. Doch Schwäche zeigt er als Reserveoffizier der Infanterie des preußischen Heeres natürlich nicht. Als solcher muss er Vorbild sein, wie sie es ihm beim Reserveoffizierslehrgang in Elsenborn beigebracht haben; und vor allem auch die Dienstvorschriften einhalten, die ihm untersagen, von der Front zu berichten.

Das Gefecht von Ville-sur-Tourbe, das im Heeresbericht nicht einmal erwähnt wird, hat zur Folge, dass das wieder aufgestellte III. Bataillon mit Hauptmann Karl von Wenckstern einen neuen Kommandeur erhält. Der knorrige Aristokrat mit den mecklenburgischen Wurzeln ist ein erfahrener Haudegen, der weiß, worauf es ankommt. Neben der infanteristischen Ausbildung seiner Männer werden sie zum Stellungsbau eingesetzt. So entsteht allmählich ein komplexes System aus Gräben und Unterständen, die bis zu fünf Meter unter der Erde

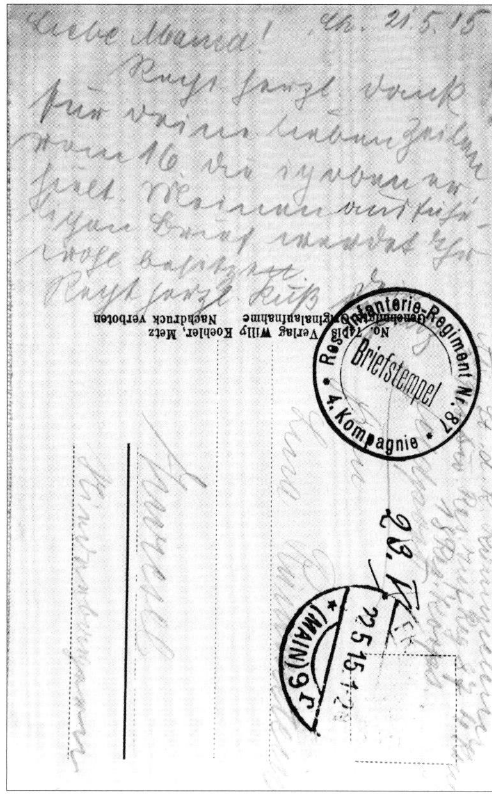

Oben: Eine Feldpostkarte von Fritz Rümmelein vom Mai 1915 an die »liebe Mama«. Der Kontakt zur Familie daheim in Zwiesel gibt ihm Kraft.

Linke Seite im Uhrzeigersinn: Zerschossenes Gebäude am Rand von Ville-sur-Tourbe. Die kleine Ortschaft ist völlig verwüstet worden.

In den feindlichen Graben einschlagende deutsche Granate. Das Feuer der Kameraden von der Artillerie weiter hinten liegt richtig.

Nach einem Volltreffer in der deutschen Briqueterie-Stellung. Die Überlebenschancen für die Graben-Besatzung gehen da gegen null.

Das durch Beschuss zerstörte Gehöft im Bois de Ville. Der Friedhof der 88er im Obstgarten ist nicht verschont geblieben.

liegen. Alles ist durch zahlreiche kleinere Laufgräben miteinander verbunden. Fritz hält auch diesen Stellungsbau im Bild fest. Er soll die deutsche Verteidigungsfront bei der nächsten feindlichen Offensive, die so sicher kommt wie der nächste Winter, unüberwindbar machen.

Schon Ende Mai sind auch die französisch-britischen Durchbruchsversuche bei Careny und La Bassée gescheitert. In der Folgezeit lässt Joffre die deutschen Linien weiter im Süden – bis hinunter zu den Vogesen – angreifen. Doch an die Schlacht, die im Umkreis des Lorettoberges und bei Vimy tobt, reicht keiner dieser Zwischenkämpfe des Stellungskrieges heran. Auch diese bringt für die Angreifer keinen durchschlagenden Erfolg, denn die deutsche Verteidigungslinie hält, abgesehen von kleineren Geländegewinnen des Feindes. Es ist ein brutaler Abnutzungskrieg, fordert er doch beiden Seiten einen enormen Blutzoll ab.

Im Uhrzeigersinn: Kameraden von Fritz Rümmelein bei der Rast. Sie tragen die typischen Pickelhauben, die erst von Mitte 1916 an durch Stahlhelme ersetzen werden.

Der neue Kommandeur des III. Bataillons Karl von Wenckstern. Dem aus Westfalen stammenden Hauptmann eilt der Ruf eines Haudegens voraus.

Infanteristen bei der Ausbesserungsarbeit in der Stellung. Diese in Schuss zu halten, ist ein nie endender Job für die Männer.

Einweisung in den neuen Sauerstoff-Apparat. Der »Selbstretter« von Dräger-Tübben soll die Soldaten vor Giftgas schützen.

Der wird auf der Seite der Führung von Franzosen und Briten eher ertragen, weil man weiß, dass man diesen Krieg aufgrund der materiellen Überlegenheit länger durchhalten wird als das im Osten und Westen ringende Reich.

An dem Frontabschnitt, an dem das 87. Reserve-Infanterie-Regiment liegt, ist es relativ ruhig. Das III. Bataillon ist immer noch beim Stellungsausbau. Doch es bleibt auch Zeit für Entspannung, wenn sie vorne herausgelöst werden. Baden in der Aisne ist eine willkommene Abwechslung. Am 9. August haben sie den 20. Geburtstrag von Fritz gefeiert. Ein Kamerad hat mit Bleistift eine Karte gezeichnet, die ihn zeigen soll. Aus der Heimat haben sie ihm auch Grüße geschickt und ein Paket mit Lebensmitteln. Die werden natürlich gemeinsam genossen. Flaschenbier hilft den Männern, düstere Gedanken erst gar nicht aufkommen zu lassen. Was sie nicht wissen, ist, dass der Feind, ihren Frontabschnitt als Teilziel seiner nächsten Großoffensive ausgewählt hat.

Joffre und Haig, der neue Oberbefehlshaber des Britischen Expeditions-Korps, setzen immer noch auf den entscheidenden Durchbruch. Nach monatelangen, sich über den ganzen Sommer erstreckenden Vorbereitungen, rüsten sie ihre Armeen – insgesamt werden es 67 Divisionen mit 5000 Geschützen sein – zur großen Doppelschlacht. Diese sollten zwischen Aubers und Lens frontal die deutschen Abwehrfront angreifen und in der Champagne zwischen Aubérive und Massiges mit geballten Kräften gegen dessen Flanke vorstoßen. Mit der Entscheidungssuche im Westen wollen die Kriegs-

Fritz Rümmelein bei der Lektüre der Bayerischen Waldzeitung. Seine Familie schickt sie ihm regelmäßig (oben). Drei Mann in einem Unterstand. Nichts für Menschen mit Platzangst (unten). Ein Infanterist. Das Eingemachte aus der Heimat scheint zu schmecken (rechte Seite).

kabinette in Paris und London auch die Kriegsführung des Zaren entlasten, bricht doch soeben die russische Karpatenfront zusammen, was weitreichende Folgen auf die politische und militärische Entwicklung auf dem Balkan nach sich ziehen wird.

Am 19. September 1915 eröffnen die Alliierten die Doppelschlacht im Westen. In Stegemanns Weltkriegsgeschichte heißt es dazu: »In der Champagne wuchs die Kanonade zum Orkan. Der Wirbel füllte die Luft mit einem einzigen ununterbrochenen Donnerlaut, der siebzig Stunden als grauenhafter Orgelpunkt über den deutschen Stellungen hing.« Allein am Frontabschnitt der 21. Reserve-Infanterie-Division werden drei Millionen Granaten abgefeuert. Im Zentrum der dreißig Kilometer breiten Angriffsfront liegt wieder einmal der Höhenzug von Massiges. Dass die deutschen Stellungen – vor allem die Geschütze – an dessen rückwärtigen Abhang liegen, reduziert die Wirkung der französischen Artillerie.

Die deutschen Verteidigungslinien sind mit fünf Divisionen besetzt. Gegen diese stürmen nun 22 französische in immer neuen Wellen an. Sie nehmen unter unvorstellbaren Opfern das von dem Beschuss zermalmte erste Grabennetz ein, machen viele Gefangene. Doch die Angreifer geraten nun im Gelände zwischen den Grabensystemen unter deutschen Beschuss von allen Seiten. Denn die Reste der Überrannten sind aus ihren Löchern gekrochen und haben den Feuerkampf wieder aufgenommen. Am Kanonenberg, wie die Deutschen das östliche Ende des Höhenzugs von Massiges nennen, sind die Kämpfe am erbittertsten. Immer wieder rennen die französischen Regimenter gegen die deutschen Stellungen an. Doch die zweite Verteidigungslinie hält, von einigen Einbrüchen abgesehen. Ende September

Oben: Geburtstagswünsche für den 20 Jahre alt gewordenen Fritz Rümmelein. Die Karte hat ein Kamerad mit dem Bleistift gezeichnet. Sie trägt das Datum 9. August 1915. Der Krieg dauert nun schon ein Jahr an.

Linke Seite: Badespaß an der Aisne. Für die Soldaten des Bataillons ist es eine willkommene sommerliche Abwechslung nach den Wochen im Graben. Feuchtfröhliches Zusammensein im Offiziers-Kasino. An Wein und Champagner mangelt es in der Champagne wahrlich nicht.

erstarrt die Schlacht nach geringfügigen Geländegewinn für die Franzosen. Der große Durchbruchversuch in der Champagne scheitert damit, so wie weiter oben zwischen Aubers und Lens.

Fritz hat die Kämpfe, die im Oktober weiterlodern, unbeschadet überstanden. Zu Beginn dieses Monats ist sein Bataillon, das ostwärts vom Kanonenberg gefochten hat, herausgelöst worden. Die Männer, die überlebt haben, beziehen in Brécy, ein paar Kilometer hinter der Frontlinie, Ruheraum. Ein nachdenklich gewordener Fritz schickt eine Fotografie von sich nach Zwiesel, so als wolle er den Nachweis führen, dass er noch am Leben ist. Auf ihrer Rückseite schreibt er: »Seinen lieben guten Eltern nach schweren,

gut überlebten Kampfestagen in treuer Liebe gewidmet von Ihrem treuen Fritze, Brécy 4. 10. 15.«

Mehr als 17 000 französische Soldaten, darunter viele aus den afrikanischen Kolonien wie dem Senegal oder Madagaskar, haben die Großoffensive in der Champagne nicht überlebt. Die Zahl der Verwundeten ist noch höher. Auf deutscher Seite sind die Verluste nicht geringer. Mehrere Tausend sind gefallen; unter ihnen einige gute Kameraden von Fritz. Besonders schmerzt ihn der Tod seines Freundes, des Jägerleutnants Hermann Pauli, von dem er erst in Brécy erfährt. Er ist auf einigen Aufnahmen – zusammen mit Fritz zu sehen, mitunter in ausgelassener Pose. Als Erinnerung an ihn,

Ein Maschinengewehr 08 im Einsatz gegen feindliche Flugzeuge, die für die Bodentruppen zunehmend zur Bedrohung werden (oben links)

Fritz Rümmelein als Kanonier an einer Feldhaubitze 98/09. Mit ihr werden Granaten mit einem Kaliber 10,5 Zentimeter abgefeuert (oben rechts).

Linke Seite: Blick mit dem Feldstecher aus der Briqueterie-Stellung. Links ist die Höhe 191 zu sehen, rechts der Kanonenberg. Beide Erhebungen stehen im Brennpunkt der Kämpfe der Jahre 1914/15 (oben).

Blick aus dem Graben auf das deutsche Geschützfeuer. Die Artilleristen hinten brauchen Ansagen von vorne, wie ihr Feuer liegt (unten).

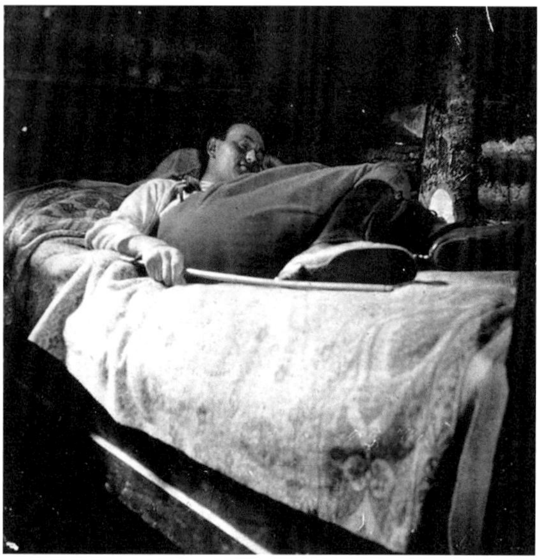

macht er ein Foto von seinem Grab irgendwo im Gelände hinter der Front. Ein schlichtes Holzkreuz mit der Aufschrift: »Hier ruht Leutnant Paul I. Jäg. Batl 9 † 3.10.15«.

Im selben Monat erhält Fritz Rümmelein das Kommando über die 9. Kompanie des III. Bataillons des 87. Reserve-Infanterie-Regiments. Zum einen hat er sich bei den Kämpfen der zurückliegenden Wochen bewährt; zum anderen sind viele Kompanieführer verwundet oder gefallen. Etwa 150 Mann sind ihm jetzt anvertraut. Der frischgebackene Kompaniechef hat Glück, denn an seinem Frontabschnitt ist es im ausgehenden Jahr 1915 – abgesehen von gelegentlichem Artilleriefeuer der Franzosen und dem tückischen Werk der Scharfschützen – endlich etwas ruhiger.

Weihnachten und Silvester 1915/16 verbringt Fritz im Schloss von Olizy-Primat, in dem ein Offizierskasino untergebracht ist. Die meiste Zeit ist er aber bei seiner Kompanie im nahen Truppenlager »Schwerinsburg«. Es ist ein weitflächiges Camp inmitten eines Waldes, wo die Männer sich regenerieren und die Einheiten aufgefrischt werden sollen. Das feucht-kalte Wetter, das schon im Dezember die Stellungen in Mo-

Ein erschöpfter Fritz Rümmelein im Oktober 1915 nach den Herbstkämpfen (oben links)

Ein nachdenklicher Leutnant. Er lebt noch, aber viele seiner guten Kameraden nicht mehr.

Rechte Seite: Das Grab von Jägerleutnant Hermann Pauli, der am 3. Oktober 1915 gefallen ist (links)

Eine jäh beendete Freundschaft. Mit Pauli, dessen Einheit ganz in der Nähe liegt, hat Fritz Rümmelein so manches erlebt (rechts).

rastlöcher verwandelt hat, macht den Soldaten zu schaffen. Im Januar fallen die Temperaturen, und das überschwemmte Land an der oberen Aisne verwandelt sich in eine Eislandschaft. Der Krankenstand ist entsprechend hoch. Auch Fritz, der mit einigen Kameraden bei einem Truppenbesuch des Großherzogs von Hessen mit der Tapferkeitsmedaille des Landes ausgezeichnet worden ist, wird bald vom Fieber gebeutelt. Die Diagnose, die die Militärärzte des Reserve-Feldlazaretts 52 stellen, lautet: Lungenentzündung.

Daran sind schon einige Männer des Regiments gestorben. Doch Fritz hat eine gute Konstitution. Trotz widriger Umstände ist er bald auf dem Wege der Besserung. Seiner Mutter, die ihm Eier, Himbeersaft und Zeitungen aus der Heimat schickt, schreibt er am 16. Februar 1916 nach Zwiesel, dass er seit heute zum ersten Mal fieberfrei sei. Doch

ehe er wieder ganz hergestellt ist, vergeht noch der gesamte März. Im April wird er schließlich aus dem Lazarett entlassen. Inzwischen hat er die Nachricht erhalten, dass er nicht zu seiner Kompanie zurückkehren wird. Denn Bataillonskommandeur von Wenckstern will den »Kleinen«, wie er Fritz nennt, als seinen Adjutanten.

Bevor er seinen neuen Dienstposten antritt, soll der Leutnant noch zwei Wochen auf Genesungsurlaub. Er besucht Freunde in Hanau, ehe er weiter nach Zwiesel fährt. Auch in der Heimat ist der Krieg inzwischen allgegenwärtig: In den Zeitungen mehren sich die Todesanzeigen für diejenigen, die für Kaiser und Vaterland gefallen sind. Den Angehörigen derer, die noch leben, bleibt nur die Hoffnung, dass Söhne, Enkel und Brüder einmal wohlbehalten aus dem Felde zurückkehren. Dafür beten sie und auch für den Sieg der deutschen Waffen. Hoffnung macht die Entwicklung auf dem Balkan, wo der von Mackensen geleitete Feldzug der Mittelmächte mit der weitgehenden Vernichtung der serbischen Streitkräfte zu Ende gegangen ist. Hoffnung macht auch der Sieg an den Dardanellen, jener strategisch so wichtigen Meerenge, wo deutsche und osmanische Truppen Engländer, Australier, Neuseeländer und Franzosen zurück ins Meer geworfen haben. Doch das Hauptaugenmerk der deutschen Bevölkerung richtet sich auf die im Februar begonnene Großoffensive von Lothringen aus gegen Verdun.

Hier will Falkenhayn, der Chef der 2. Obersten Heeresleitung, die Kriegsentscheidung herbeiführen. Er will den Gegner »weißbluten« lassen, ihn moralisch brechen und auf das 250 Kilometer entfernte Paris vorstoßen.

Eine Vorstellung davon, was das für die Männer im Feld bedeutet, können sie sich in der Heimat natürlich nicht machen. Und Fritz spricht nicht vom unsagbaren Leiden und massenhaften Sterben, das er gesehen hat. Er tut das nicht, um die Moral an der Heimatfront nicht zu unterminieren. Vielmehr gibt auch er sich zuversichtlich und genießt die Tage in der so anderen Welt, die auch nicht mehr so ist, wie sie einmal war. Auch in Zwiesel sind die Grundnahrungsmittel rationiert und werden auf Bezugs-

Von links nach rechts: Die Aisne bei Brécy-Brières. Der Fluss durchzieht die Champagne in ost-westlicher Richtung, ehe er bei Compiègne in die Oise mündet. Er markiert über Jahre hinweg den dortigen Frontverlauf.

Hochwasser an der Aisne. Die spätherbstlichen Überschwemmungen machen die Region zu einer Seenlandschaft.

Erster Schnee in Olizy-Primat. Im Hintergrund das Château, das von den Deutschen requiriert worden ist

Kriegs-Weihnachten 1915 im Schloss von Olizy-Primat. Sie singen Weihnachtslieder mit Gitarrenbegleitung und hoffen, dass sie das nächste Weihnachtsfest wieder gesund zuhause verbringen können.

Eingang zum »Schwerinslager« bei Vaux-les-Mouron (oben). Alarmbereitschaft des 87. Reserve-Infanterie-Regiments. Ein Teil der Truppe muss sofort einsatzfähig sein (unten). Fritz Rümmelein mit zwei Offizierskameraden im Waldlager. Das Foto ist vom Januar 1916 (rechte Seite).

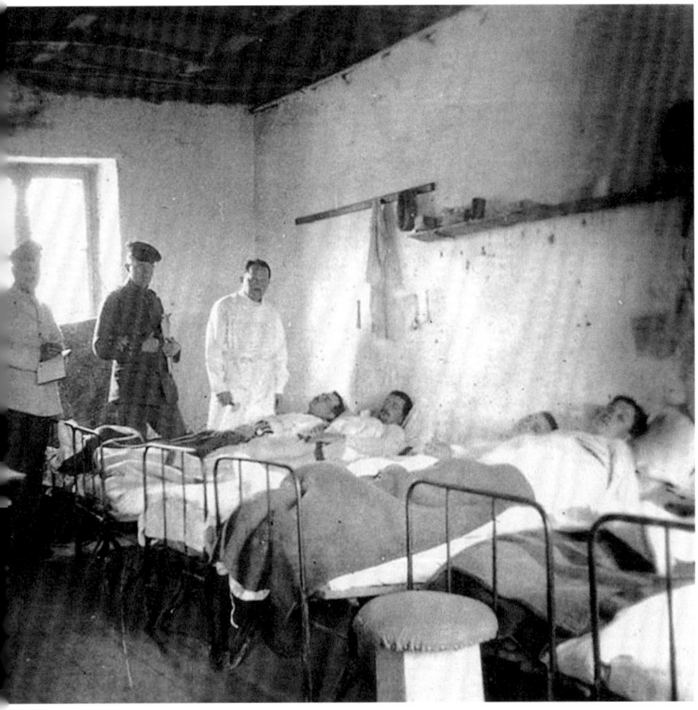

Visite im Reserve-Feldlazarett 521 in Olizy-Primat. Für diejenigen, die es nicht so schwer erwischt hat, ist der Aufenthalt dort fast paradiesisch, verglichen mit dem Leben im Schützengraben (oben links).

Militärarzt am Mikroskop. Zu den Kriegsverletzungen kommen besonders in der feuchten Jahreszeit Infektionskrankheiten wie Grippe und Lungenentzündung (oben rechts).

Rechte Seite: Feldpostkarte in die Heimat. Fritz Rümmelein schreibt seiner Zwieseler Familie, dass er »seit heute fieberfrei« und auf dem Weg der Besserung sei.

karten ausgegeben. Aber auf dem Land ist es noch ungleich besser als in den großen Städten. Doch auch hier werden Metalle für die Kriegsrüstung gesammelt. Kupferne Kessel und andere Gerätschaften aus dem Material werden beschlagnahmt, braucht man sie doch zur Herstellung von Geschossen.

Am 28. April 1916 besteigt Fritz Rümmelein den Zug, um wieder zu seinem Truppenteil zurückzukehren. In einem Oktavheftchen, das fortan sein sporadisch geführtes Kriegstagebuch werden soll, hält er fest, wie er mit vielen anderen nach einem Aufenthalt in Frankfurt den Rhein hinabgefahren sei, bis Bingerbrück. »Unwillkürlich«, so Fritz weiter, »denkt man an das schöne deutsche Lied ›Fest steht und treu die Wacht am

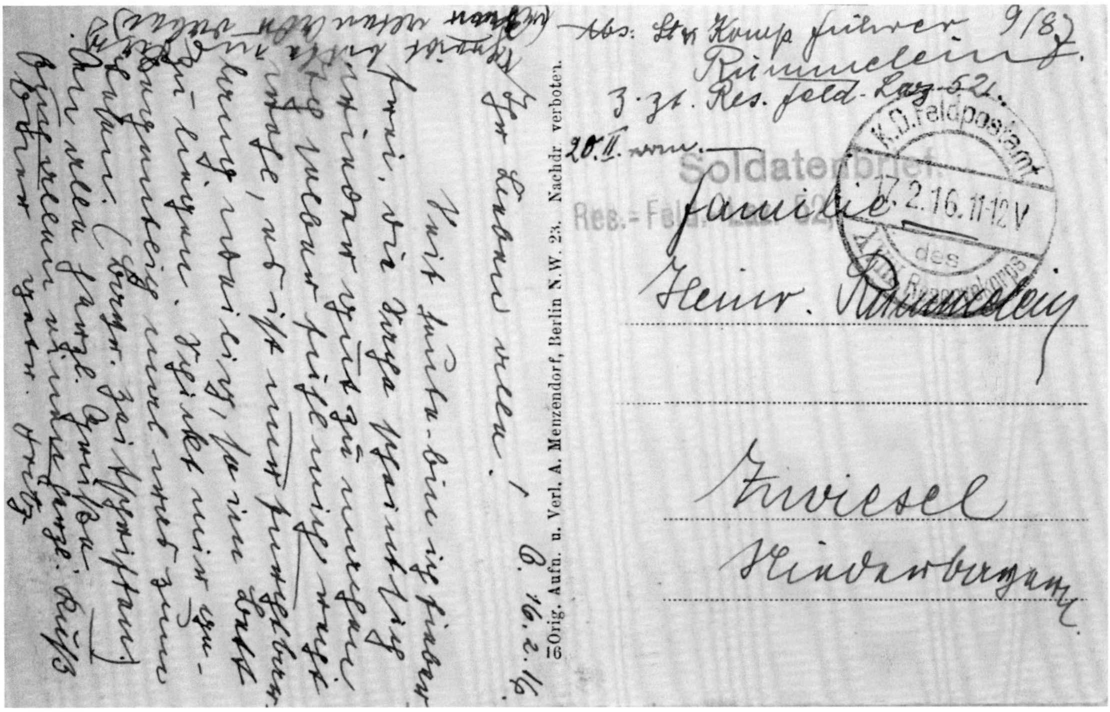

Rhein …‹ Nein, den dürfen sie freilich nicht haben«, fügt er noch hinzu und meint damit den Feind. Nachdem der Zug Lothringen passiert hat, überquert er die französische Grenze. Vorbei an zerschossenen Dörfern geht es schließlich über Montmédy und Sedan, wo die Deutschen 1870 so triumphal gesiegt haben, nach Charleville-Mézières. Auf einem Artilleriefuhrwerk, die letzten Kilometer zu Fuß, erreicht er schließlich den kleinen Ort Brécy und dann endlich Olizy, wo er im Offizierskasino Quartier nimmt. Dort trifft er mit den Leutnants Otto Lahmann und Dr. Fritz Wolff alte Freunde. Das Wiedersehen wird gebührend gefeiert. Am 29. April begrüßt ihn Bataillonskommandeur Hauptmann von Wenckstern »sehr nett« und teilt ihm formal mit, dass er Adjutant geworden sei. »Schöne Sache. Ich freu mich über die Ernennung.«

Für Fritz beginnt nun ein erträglicheres Leben, denn als Adjutant des Bataillonskommandeurs ist er die meiste Zeit nicht mehr in der vordersten Linie. Und wenn das Bataillon im Ruheraum liegt, wie in den ersten Tagen des Mai 1916, haust er in einem richtigen Gebäude, in dem auch der Bataillonsstab untergebracht ist. Er hat ein eigenes Zimmer mit Bett und der dazugehörigen Wäsche. »Die Zeit vergeht rasch. Im Ort ist jetzt auch ein Kino. Arbeit ist mäßig. Jeden Tag mache ich einen schönen Ritt. Konzert ist täglich zu hören«, schreibt er in sein Tagebuch. An anderer Stelle berichtet

Familienfoto samt Leutnant mit Degen. Hinten von links die Brüder August, Heinrich (Heinz) und Eugen, der inzwischen in einem Bayerischen Reserve-Infanterie-Regiment dient. Vorne: Vater Heinrich, Schwester Wilhelmine und Mutter Karolina (Lina)

er von zwei französischen Aufklärungsballons, die durch einen aufgekommenen Sturm über die Frontlinie getrieben worden und an der Aisne gelandet seien.

Am 9. Mai 1916 geht es wieder an die Front. »Ich freu mich wirklich darauf, wieder an den Feind zu kommen«, schreibt Fritz. Schnell habe er sich wieder an den Kampf gewöhnt. Mit den Nerven stünde es gut. »Die kann man wirklich brauchen.« Tag für Tag macht er Fotos und notiert das Erlebte an der oberen Aisne: Am 16. Mai beginnt der Gegner, »mit vielen Minen und Artillerie auch aus der Flanke unseren rechten Flügel zu beasen (beschießen)«. Am 17. »geht der Tanz von neuem los«. Am 18. ist es nicht anders. Er hält fest: »In unserem Banne schaukelts nur so, wenn die dicken Dinger einschlagen.« Am 19. habe »rasendes Schnellfeuer auf unsere Stellung« eingesetzt. Fritz mutmaßt: »Na, jetzt kommen sie sicher«, und berichtet weiter, dass das Sperrfeuer von deutscher Seite erwidert worden sei. »Da kommt kein Franzmann durch«, merkt er noch selbstzufrieden an. Der Angriff, der kurz darauf erfolgt, wird dann auch abgewiesen, und Bataillonskommandeur von Wenckstern und sein Adjutant Rümmelein übergeben »strahlend« den Abschnitt an die Ablösung.

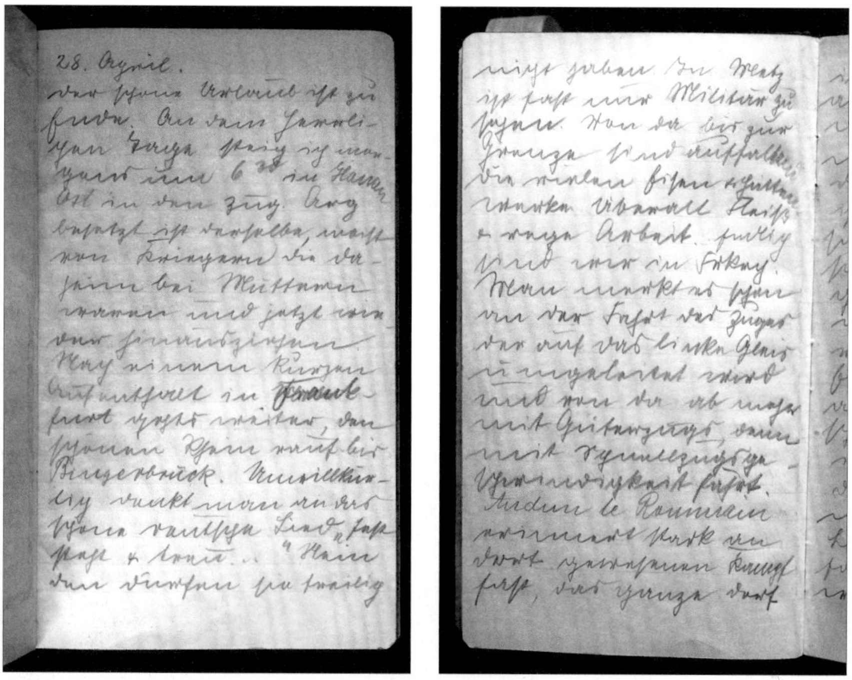

Zwei Seiten aus dem sporadisch geschriebenen Tagebuch von Fritz Rümmelein. Mit knappen Eintragungen in Sütterlin-Schrift hält er in den Oktavheftchen seine Erlebnisse und Eindrücke fest. Hier schildert er die Fahrt nach seinem Genesungsurlaub zurück zur Truppe.

Es folgen wiederum Tage der Erholung hinten in Brécy, ehe es wieder nach vorne geht und alles von Neuem beginnt. So vergehen für Fritz der Mai und der Juni des zweiten Kriegsjahres. Doch am 27. Juni wird die menschenverzehrende Routine durch eine selbst die härtesten Offiziere aufschreckende Nachricht unterbrochen. Die Division soll verlegt werden – nach Verdun, denn es müssen von dort Truppen an die Somme abgezogen werden, wo Franzosen und Engländer, unterstützt von Kolonialtruppen aus der ganzen Welt – sich wieder einmal zur Großoffensive rüsten. Zudem braucht Österreich Unterstützung gegen die russische Brussilow-Offensive. Die in Verdun aufgerissene Lücke soll nun Fritz Rümmeleins Reserve-Infanterie-Division mit füllen helfen. Bei den Offizieren weiß jeder, was der Name »Verdun« bedeute, doch gegenüber den Mannschaften wird das freilich nicht thematisiert, gilt es doch, deren Moral aufrecht zu erhalten. Bataillonsadjutant Rümmelein notiert in sein Tagebuch: »Im ersten Moment stutzt man, aber man ist (sich) bald mit sich selbst einig. Es muss sein. Was hunderttausend andere begonnen, müssen wir eben mit fortsetzen helfen. Allgemein ist man eines Teils froh, daß wir mal aus der Champagne wegkommen!«

Die Straße nach Olizy-Primat. Der kleine Ort etwas nördlich von Brécy-Brières liegt nur wenige Kilometer hinter der Frontlinie. Er ist der Ruheraum des Stabes und für Fritz Rümmelein so etwas wie eine zweite Heimat geworden (oben links). Der Stab des III. Bataillons mit von Wenckstern im Umhang (oben rechts)

Das Château von Olizy-Primat, in dem das Offizierskasino untergebracht ist (unten links). Offizierskameraden von Fritz Rümmelein im Park des Schlosses. Vorne der Leutnant Otto Lahmann und der Assistenzarzt Dr. Fritz Wolf. Für beide wird es das letzte Frühjahr in ihrem Leben sein (unten rechts).

Querflötenspieler vom Musikzug des I. Bataillons des 87. Reserve-Infanterie-Regiments bei der Probe (oben links). Platzkonzert in Vaux-les-Mouron, nicht weit vom »Schwerinslager« und dem Château Francs Fossés entfernt. Musikdarbietungen sind auch im Krieg fester Bestandteil der Truppenbetreuung und bei den Feldgrauen sehr beliebt (oben rechts).

Gruppenbild mit von Wenckstern (links) vor der Kirchenruine von Cernay-en-Dormois. Deutsche und Franzosen bezichtigen sich gegenseitig, das Gotteshaus zerschossen zu haben (unten links). Fritz Rümmelein beim Ausritt. Als Adjudant steht dem Leutnant, der ein hervorragender Reiter ist, ein eigenes Pferd zu (unten links).

Der Bataillonskommandeur und sein Adjutant bei einer Marschpause auf dem Weg nach Verdun

Juli – Dezember 1916

In der Hölle von Verdun

Die Stimmung im Bataillon ist schlecht, nachdem bei den Mannschaften allmählich die Nachricht durchgesickert ist, dass es nach Verdun geht. Es hat sich längst herumgesprochen, dass es dort schlimmer zugehen soll als in der Champagne. Ist diese der Vorhof der Hölle, so ist Verdun die Hölle. Begriffe wie »Knochenmühle« oder »Blutpumpe« sind bei den Männern im Zusammenhang mit den dortigen Kämpfen im Umlauf. In der Tat ist das, was 60 Kilometer Luftlinie südöstlich von Olizy geschieht, ein beispielloser Vernichtungskampf. In einem »deutschen Volksbuch« über den Ersten Weltkrieg aus dem Jahr 1933 heißt es darüber: »Die ›Mühle‹ mahlt. Mahlt Menschen. Hier und dort. Frißt Bataillone, Regimenter, Divisionen. Die deutschen Kerntruppen erschöpfen sich, 2, 3mal hintereinander, mit Ruhepausen dazwischen, in dem Ringen um eine zerpflügte, unwirkliche Welt von Erdkratern, Schutthaufen, palmenartig zerfaserten Baumstümpfen, zu Sümpfen zerschossenen Bachbetten.«

Am 21. Februar 1916 hat die deutsche Großoffensive vor Verdun mit einer gewaltigen Artilleriekanonade und am Tag darauf mit dem Sturmangriff der Infanterie begonnen. Zwar ist das vorspringende Panzerfort Douaumont rasch genommen worden und der operativ wichtige Hügel, der ironischerweise »Toter Mann« heißt, sowie die bedeutsame »Höhe 304« immerhin bis Ende Mai. Bis das zweite Panzerfort, das Fort Vaux, kapituliert, wird es Anfang Juni. Mit der hart erkämpften Einnahme des dritten Forts im Festungswinkel von Verdun, mit Thiaumont, das mehrfach den Besitzer gewechselt hat, und dem zur Felsenburg ausgebauten Ort Fleury, erschöpft sich drei Wochen später der unter schwersten Verlusten erstrittene deutsche Vormarsch. In vier Monaten sind die Verteidiger zwar auf den inneren Festungsgürtel zurückgedrängt worden. Doch die Festung ist noch nicht erobert worden.

Das ist die Lage, als am 1. Juli 1916 – es ist der Tag, an dem an der Somme die große französisch-britische Offensive losbricht – das III. Bataillon nach fast eineinhalb Jahren Kampf in der Champagne in Marschkolonne abrückt. Über ihnen, am strahlend blauen Sommerhimmel, kreisen zwei französische Doppeldecker, die aber dann »zum Glück« Richtung Challerange abdrehen. Im nahen Dorf St. Morel wird das Bataillon samt Pferden und Ausrüstung auf die Bahn verladen. In einem großen Bogen – über Sedan, Montmédy und Longuyon – geht es Richtung Verdun. Entgegen kommen den 87ern immer wieder Lazarettzüge von dort. Fritz notiert in seinem Tagebuch: »Wie sie aus der Schlacht kommen, so liegen sie auf Bahren in den Viehwagen, die braven Kerls.

Es ist etwas deprimierend. Ernste Gesichter, noch an dem Erlebten zehrend.«

Es ist schon Nacht, als das Bataillon im lothringischen Landres ausgeladen wird. Der kleine, 35 Kilometer nordöstlich von Verdun gelegene Ort, liegt im Eisenerz-Becken von Briey, in dem die gesamte 21. Reserve-Infanterie-Division Quartier bezieht. Von dort »hört man kolossales Feuer, gar keine einzelnen Schüsse mehr, nur ein Rollen«, notiert Fritz. Hie und da ist eine Leuchtkugel zu sehen, die den Horizont über dem Schlachtfeld in grelles rotes Licht versetzt. Nach einem kurzen Marsch – die Offiziere zu Pferd – erreicht das III. Bataillon das nahe Murville. Die kommenden Tage verbringen die Männer in dem Dorf mit der Vorbereitung ihres Einsatzes. Dazu gehören für Fritz Besprechungen im Regimentsstab im nahen Mont, Übungsschießen, Überprüfung der Gasmasken, aber auch Einweisungen in neue Waffen wie den Flammenwerfer. Begeistert ist Fritz, der soeben noch von den vielen Soldatengräbern beunruhigt gewesen ist, von den Flugzeugen des Kampfgeschwaders, das nach Mont verlegt worden ist: »Es ist imposant, wie die Apparate mit rasender Schnelligkeit übers Dorf ziehen.« Er macht sich Mut, notiert in sein Tagebuch, dass man angesichts dessen doch »kolossales Vertrauen in die Sache« gewinne.

Neben der Vorbereitung auf ihren Einsatz wird auch etwas für die Befindlichkeit der Soldaten getan. Eine Kapelle spielt in Murville Evergreens, die jeder kennt. Generalmayor Briese, der neue Kommandeur der 21. Reverse-Infanterie-Division, erklärt in einer Ansprache den Angetretenen die besondere Bedeutung der Schlacht um Verdun. Im nahen Ort Mairy findet überdies ein großer Feldgottesdienst statt, bei dem sich ein Militärseelsorger bemüht, den Männern zu

Pause bei einer Gefechtsübung. Auch für das Ablegen der Ausrüstung gibt es für die Infanteristen feste Regeln. So werden die Gewehre zu Pyramiden aufgerichtet. Oben bedeckt ein Stahlhelm ihre Mündungen. Es sind die ersten Helme, die die Truppe erhält. Er schützt zwar, aber Gewehrkugeln durchschlagen das Eisenblech (rechts).

Linke Seite: Marschierende Soldaten des III. Bataillons des 87. Reserve-Infanterie-Regiments. Bis ins lothringische Landres 35 Kilometer östlich von Verdun hat sie die Eisenbahn gebracht. Dann geht es per Fußmarsch in den Verfügungsraum nahe dem Ort Murville, wo die Truppe auf ihren Kampfeinsatz vorbereitet wird.

vermitteln, dass der Allmächtige auf ihrer Seite steht. Begleitet wird alles durch das ferne Grollen von der Verdun-Front, wo Falkenhayn am 11. Juli eine neue – es ist die letzte – Großoffensive befohlen hat – und dies, obwohl beträchtliche Truppenteile an die Somme und in den Osten haben abgezogen werden müssen. Ungeachtet dessen will der Chef der Zweiten Obersten Heeresleitung die Truppen gegen den inneren Festungsgürtel von Verdun antreten lassen und damit der Entscheidung näher rücken. Die Vorbereitungen dafür laufen auf Hochtouren.

Am 13. Juli 1916 rückt das III. Bataillon des 87. Reserve-Infanterie-Regiments, das inzwischen die ersten Stahlhelme erhalten hat, von Murville über die zerschossenen Dörfer Bertrameix, Domprix, Haucourt, Houdelaucourt und Vaudoncourt in Richtung Front vor. Unterwegs wird das ein oder andere Soldatenlied angestimmt, auch wenn niemandem so recht nach Singen zumute ist. Immer wieder kommen ihnen kriegsgefangene Franzosen entgegen, in deren Gesichtern mitunter so etwas wie Erleichterung zu spüren ist. Schließlich sind sie am Etappenziel. Es ist das Lager im Wald von Viecourt. Dort ist der Bataillonsstab in einer Baracke untergebracht. Fritz studiert mit seinem Freund Dr. Wolff Karten von Verdun. »Ich heb sie mir im Koffer auf, um später Erinnerungen zu haben«, notiert er in das kleine Oktavheftchen, das er als Tagebuch nutzt.

Am darauffolgenden Morgen erreichen sie bei Ornes die berüchtigte Höhe 310, die ein deutsches Infanterie-Regiment bereits im Spätsommer 1914 genommen hat und um die Ende desselben Jahres erbittert gekämpft worden ist. Am Fuß des Hügels beziehen sie eines der zahlreichen, überaus kargen Bereitschaftslager. »Abends gehen

wir nach 307, wo ein Beobachtungsstand der 1. Bayrischen Infanterie-Division ist. Durchs Scherenfernrohr« – so Fritz – »sehen wir alles vor uns liegen, Douaumont mit seiner beherrschenden Lage (...) Man muss immer mehr staunen über die Leistungen derer, die's genommen haben.«

Das liegt viereinhalb Monate zurück: Noch während des Beschusses schwerer deutscher Mörser hat die Infanterie am vierten Tag der Offensive, am 25. Februar, das stärkste Fort des äußeren Festungsgürtels gestürmt. Dessen schwache Besatzung ist völlig überrascht worden, denn sie hat erst mit dem Angriff nach dem Ende der Kanonade gerechnet. So hat Douaumont im Handstreich genommen werden können. Am 8. Mai ist im Fort ein Granaten- und

Zwei Infanteristen mit einem Stahlhelm-Aufsatz. Das kiloschwere Teil soll tatsächlich vor Gewehrkugeln von vorne schützen (oben).

Linke Seite im Uhrzeigersinn: Erinnerungsfoto mit den Kameraden vom Bataillonsstab. Wer weiß schon, was die kommenden Wochen bringen werden?

Übungsschießen des Bataillons I. Es ist besonders für die Neuzugänge wichtig, die noch keine Kampferfahrung haben.

Übungsschießen des Bataillons II. Auf 200 Meter muss mit aufgelegtem Gewehr jeder Schuss sitzen.

Angetreten zum Waffenappell. Unteroffiziere werfen einen kritischen Blick durch den Lauf, der blitzblank sein muss.

Flammenwerferdepot detoniert, bei dem fast siebenhundert deutsche Soldaten den Tod gefunden haben. Seit Ende des Monats haben die Franzosen dann mehrere Versuche unternommen, das prestigeträchtige Douaumont zurückzuerobern. Doch sie sind gescheitert und immer wieder etwas zurückgedrängt worden.

Als das III. Bataillon des R.I.R. 87 jetzt Mitte Juli weiter vorrückt und bei Bezonvaux, südlich der strategischen Doppelhöhe 307/310, in einem festungsartig ausgebauten Lager Quartier nimmt, trennen sie keine fünf Kilometer mehr von der Hauptkampflinie. Vom Beobachtungsstand am Südhang des Hardaumont habe man einen guten Blick über die Ebene. »Alles ist in Grund und Boden geschossen (...) Östlich des Fumin-Rückens der Bergwald, östlich daran, nicht ganz auf der Höhe, das Fort Vaux. Die vielen Beschießungen (...) haben dem Werke arg zugesetzt. Trotz dem sind seine Kasematten derart, daß sie noch ein ganzes Bataillon bergen können. (...) Wenn ich den Hang sehe, der genommen wurde, bleibt mir fast das Herz stehen. Was da geleistet worden ist, ist unmenschlich«, schreibt Fritz, der mitunter Deckung suchen muss, denn einige Granateinschläge kommen bedenklich nahe. Am 17. Juli wird nicht weit von R.I.R. 87 ein Pionierdepot von der französischen Artillerie getroffen. Es detonieren 17 000 Handgranaten und eine Unmenge Dynamit. Es habe eine Erschütterung wie bei einem Erdbeben gegeben, notiert Fritz.

Die Nerven aller sind angespannt, denn die Aufgabe, die der 21. Reserve-Infanterie-Division bei der bevorstehenden Offensive zugewiesen worden ist, stellt eine große Herausforderung dar. Sie soll im Berg- und Chapitrewald ein wichtiges Stück der feindlichen Stellungen stürmen und dies so, dass

Oben im Uhrzeigersinn: Nachschub für die Verdun-Front mit Maultieren

Kampfspuren. Schon ostwärts des Festungsgürtels ist die Landschaft verwüstet.

Französische Soldaten auf dem Weg in die Gefangenschaft. Für sie ist der Krieg zu Ende.

Gefangene im Sammellager hinter der Front. Von dort werden sie ins Reich abtransportiert.

Linke Seite: Eine Albatros bei Mons. Fritz Rümmelein begeistern die modernen Waffen.

Feldgraue in Mairy. Vor dem Abmarsch findet hier ein Feldgottesdienst der Division statt.

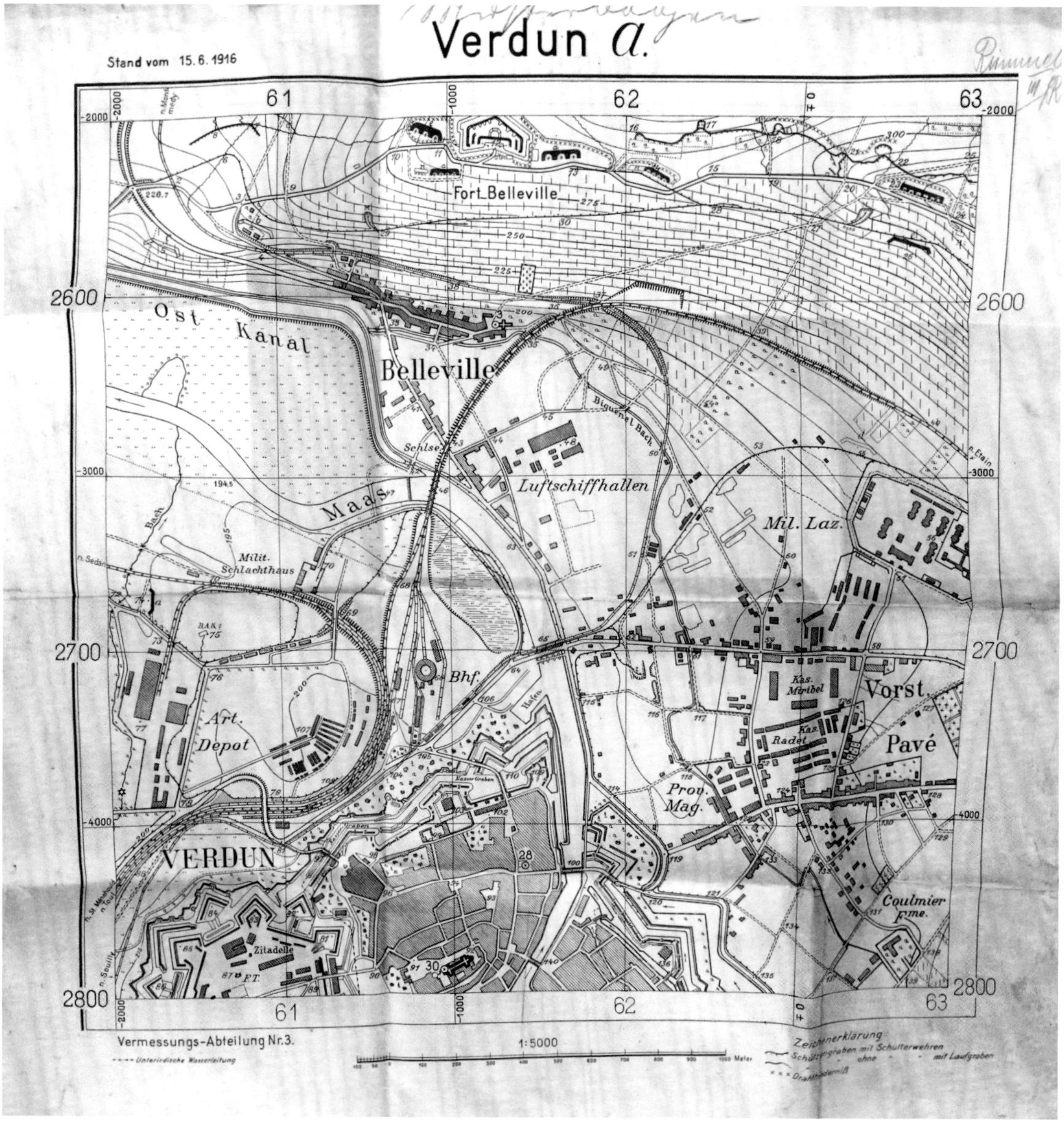

Karte der Stadt Verdun und ihrer unmittelbaren Umgebung.
Fritz Rümmelein, der an den Sieg in der Schlacht glaubt, hat sie beiseitegelegt – für später einmal, wie er in seinem Tagebuch festhält. Hundert Jahre später wird sie auf dem Dachboden seines Elternhauses in Zwiesel gefunden werden.

Linke Seite: Leben hinter Stacheldraht.
Tausende Franzosen gerieten in Verdun in Kriegsgefangenschaft.

Das Bezanvaux-Lager. Es ist der letzte Ort vor dem Schlachtfeld, der noch Schutz bietet (links). Ein Parole des Feindes aus französischer Zeit: Sie wollten lieber unter den Trümmern des Bauwerks begraben sein, als sich zu ergeben (rechts).

die Truppe links in Richtung Fort Tavannes und rechts den Ostrand der Souville-Schlucht, die sogenannte Souville-Nase, nimmt. Die Aufgabe der Reserve-Infanterie-Regimenter 87 und 80, die sich bereits in Abmarschbereitsschaft befinden, ist es, als Vorhut die unter ständigem Feuer liegenden Sturmausgangsstellungen südwestlich des Forts Vaux herzurichten. Um ein Bild der dortigen Lage zu erhalten, soll Fritz mit zwei Kameraden das betreffende Terrain erkunden.

Es ist ein nicht ungefährliches Unterfangen, denn je näher sie der Vaux-Schlucht kommen, desto flacher werden die Gräben, bis sie schließlich ganz verschwinden. »Todespfad« wird der etwa 300 Meter lange, berüchtigte Weg über den Vaux-Grund mit dem Vaux-Damm, vorbei am Vaux-Teich, genannt, denn dort gibt es keinerlei Schutz mehr. Nur über ihn ist die vor feindlichen Gewehr- und Maschinengewehrfeuer sichere Fumin-Schlucht und von dort die gefährliche Wegstrecke zu den vordersten deutschen Stellungen zu erreichen. Fritz schreibt in seinem Tagebuch: »Wir ziehen los. Allmählich und gemächlich geht's den Hang herunter, plötzlich bemerken wir, daß uns ein feindliches Maschinen-Gewehr beschießt. Da heißt es aber laufen. Und dann, als die Lunge nicht mehr recht will, hinlegen. Nach kurzer Atempause geht das Rennen runter bis an den Vauxdamm, fix drüber (…). Übel ist der Weg, dazu die rechts und links daran liegenden Leichen, deren Geruch ganz ekelig ist. Die armen Kerls, da liegen sie und müssen allmählich verwe-

Blick Richtung Fort Vaux. Dort, wo sich der sanfte Hügel erhebt, liegt es (links). Das Panzerfort. Es hat nie eingenommen werden können. Die französische Festungsmannschaft hat kapituliert, weil sie zu verdursten drohte. Die Deutschen räumen es später (rechts).

sen. (…) Nach anstrengendem Lauf, wiederum zwischen Toten hindurch, erreichen wir das U-Werk. Triefend vor Schweiß, als wie aus dem Wasser gezogen, geht's hinein in die dumpfen Räume. Der Stab des I. Bataillons nimmt mich sehr nett auf. Ganz geblendet ist man noch durch das Tageslicht. Sofort legt sich auf die Lungen der Druck des Leichengeruchs, der hier herrscht.«

In dem U-Werk, einem engen, aus zwei Räumen bestehenden, von den Franzosen gebauten Bunker, der nur wenige hundert Meter hinter den deutschen Stellungen liegt, soll Fritz mit von Wenckstern und dem Stab am 23. Juli einziehen und die Kameraden vom I. Bataillon ablösen. Nach einer Nacht unter meterdicken Beton verschafft sich der von einem Darminfekt geplagte Fritz einen Eindruck vom Zustand der vordersten Stellungen. »Alles noch ganz seichte Gräben. Unterstände gibt es so gut wie keine. Wir gehen die ganze Stellung ab, manchmal heißt's, sich mächtig bücken, da er (der Feind) die Stelle einsieht. Die Leute sehen richtig nach Krieg aus. Ungewaschen, unrasiert, alles klagt über Durst. Nachdem wir alles gesehen haben, geht's im Marsch, Marsch wieder zum U-Werk« und von dort nach kurzer Rast über den »Todespfad« zurück zur eigenen Truppe.

Dort macht Leutnant Rümmelein seinem Bataillonskommandeur Meldung. Er schildert von Wenckstern den schlechten Zustand der vordersten Stellungen. Es wird eine unmenschliche Aufgabe sein, diese innerhalb weniger Tage herzurichten – und dies unter ständigem Beschuss des Feindes.

Eigentlich hätten sie schon am 15. Juli damit anfangen sollen. Doch alles hat sich verzögert. Zum wiederholten Mal wird der bevorstehende Einsatz mit den Kompanieführern besprochen. Die Gerätschaften für den Ausbau der Sturmausgangsstellungen liegen längst bereit. Um das an den Nerven zehrende Warten erträglicher zu machen, unternehmen von Wenckstern, Dr. Wolff und Fritz noch einen längeren Ausritt durch das Gebiet östlich von Bezonvaux mit seinen zerschossenen Dörfern.

Erst am 22. Juli – es ist ein glutheißer Sommertag – verlässt das Bataillion das Bezonvaux-Lager. »Um 7.20 gehen wir los. Unsere Habseligkeiten haben wir im Rucksack verstaut.« Schon am Hardaumont sei der Schweiß »in Strömen gelaufen«. Der Rucksack habe arg gedrückt, notiert Fritz. Am »Todespfad« ist es zunächst noch ruhig. Doch dann wird die Truppenverschiebung von den Franzosen ausgemacht. Die 87er werden aus allen Rohren beschossen. Die Feldgrauen haben Glück: Die dabei erlitte-

Vaux-Teich, Vaux-Damm und der berüchtigte Todespfad. Wer zu den vordersten Stellungen will, muss ihn passieren und ist im Visier des Feindes (oben).

Rechte Seite: Unterstände am Vaux-Hang. Die französische Artillerie sowie der Durst machen das Dasein der Männer auch hier zur Qual (oben links).

Infanterist vor seinem Unterstand am Vaux-Hang. Auch er sehnt den Tag herbei, an dem er endlich abgelöst wird (oben rechts).

Spähtrupp mit Fritz Rümmelein. Seine Aufgabe ist es, den Zustand der vordersten deutschen Stellungen auf dem Fumin-Rücken zu erkunden (unten).

nen Verluste halten sich in Grenzen. So erreichen sie schließlich das U-Werk, wo der Stab des I. Bataillons abgelöst wird. Die Kompanien verbringen dort die Nacht. Am nächsten Morgen werden sie in die Stellungen eingewiesen. »Fort Souville (ist) zur rechten und Fort Vaux zur linken. Unsere Gräben laufen am Osthang der Souville-Schlucht aus«, notiert Fritz. Es ist die letzte Eintragung des Leutnants im Verlauf der Verdun-Schlacht, denn die körperlichen und psychischen Belastungen erlauben es ihm nicht mehr, Tagebuch zu schreiben.

Fritz ist nun besonders in der Nacht damit beschäftigt, den Ausbau der Stellungen zu leiten. Es ist eine beinharte Arbeit im Kalkgestein vor Verdun. Doch sie kommen voran. Der Divisionsbeobachtungsoffizier Leutnant Blomeyer berichtet darüber: »Wo zuerst die Truppe in Trichtern gelegen hatte und jede Bewegung bei Tage unmöglich war, gab es nach zwei Wochen mehrere Linien hintereinander. Patrouillen gingen dem Franzosen zu Leibe und stellten seine Linie fest. Feindliche Stoßtrupps wurden mehrfach (…) blutig abgewiesen.« Ende Juli

fliegen auch deutsche Granaten über die schuftenden Männer des Regiments hinweg. Denn die Artillerievorbereitung der Großoffensive hat begonnen. »An zwei Tagen verschwand die feindliche Stellung stundenlang hinter Rauch und Staub.« Der Luftdruck der Detonationen sei so hoch gewesen, dass die Feldgrauen in den Stellungen große Probleme bekommen hätten, berichtet Blomeyer, der Beobachtungsoffizier der Division.

Im Schutz der zweitägigen Kanonade beziehen die Sturmregimenter am 31. Juli

Linke Seite: Gefallene Infanteristen. Überall auf dem Schlachtfeld liegen Leichen. Sie können wegen des feindlichen Beschusses manchmal über Wochen nicht geborgen werden und verwesen.

Das U-Werk. Der kleine, aus zwei Räumen bestehende Bunker aus meterdickem Beton dient dem Bataillon als Gefechtsstand und als Verbandsplatz zur Erstversorgung von Schwerverwundeten (unten).

die Ausgangsstellungen und die 80er und 87er rücken ab. Fritzens Bataillon ist bereits wieder im Bezonvaux-Lager, als in den Morgenstunden des 1. August 1916 Falkenhayns Offensive losbricht. Punkt 10 Uhr schrillen die Trillerpfeifen, das Signal zum Sturm. Tatsächlich gelingt es im Bergwald und am Ostrand der Souville-Schlucht, an der sogenannten Souville-Nase, in die französischen Linien einzubrechen und fast einen Kilometer Terrain zu gewinnen. Da der Versuch der benachbarten Division, den Westrand der Souville-Schlucht zu erobern, im französischen Maschinengewehr- und Geschützfeuer scheitert, kommen die beiden Regimenter der 21. Reserve-Infanterie-Division in eine schwierige Lage, denn sie geraten jetzt auch von der Seite unter Beschuss.

So wird am 6. August auch das Regiment von Fritz in den Kampf geworfen. In der offiziellen Geschichte der 21. Reserve-Infanterie-Division heißt es dazu: »Zunächst galt es, die Stellung auf der Souville-Nase durch Angriff zu verbessern. Auch die eben zurückgezogenen Regimenter 80 und 87 mussten dazu wieder eingesetzt werden. Zufällig wollte der Feind am selben Tage und zur selben Stunde die Souville-Nase wieder ganz in seine Hand bringen und hatte erlesene Truppen – Zuaven – in Stellung gebracht. Angriff prallte auf Angriff; eine Zeitlang wogte der Kampf hin und her, dann gewannen die Feldgrauen über die Khakifarbenen

das Übergewicht und drängten sie über den Kamm der Souville-Nase in die Souville-Schlucht. Wieder war der rechte Nachbar stecken geblieben; die Souville-Schlucht war nicht genommen, aber doch der Kamm der Souville-Nase in unseren Besitz gebracht.«

Es ist ein grausamer Kampf in diesen August-Tagen des Jahres 1916. Er wird Mann gegen Mann geführt, mit dem Gewehr, der Handgranate und am Ende mit dem Bajonett und das manchmal mit Gasmasken auf dem Gesicht, denn auch Senfgas gelangt zum Einsatz. Eine nicht minder fürchterliche Waffe ist der Flammenwerfer, dessen brennendes Flammöl sich »gleich sprühender Lava in die Trichter und Stollen

Von links nach rechts: Feindbeobachtung aus dem Graben. Angriffe oder Truppenverschiebungen frühzeitig zu erkennen, ist überlebenswichtig.

Aus der Fumin-Stellung vor dem Bergwald im Juli 1916. Hier bauten die Männer des III. Bataillons die Sturmausgangsstellung aus.

Einschlagende Artilleriegranate. Die Explosionen und der dadurch aufgewirbelte Staub sowie der Rauch verdunkeln sogar die Sonne.

Unbekannter Kämpfer des III. Batailons des 87. Reserve-Infanterie-Regiments auf Posten irgendwo in der Hölle von Verdun

Blick auf Fort Souville. Es ist das Ziel des deutschen Angriffs vom 1. August 1916 gewesen (oben). Detonation einer Granate auf dem Fumin-Rücken (unten). Rechte Seite: Das Schlachtfeld vor Fort Souville (links vorne). Wie überall vor Verdun gleicht das Terrain einer Mondlandschaft.

(frisst) und Leib und Leben (vernichtet)«. In der zeitgenössischen Schilderung heißt es weiter: »Brennende, dahin schmelzende menschliche Körper wälzen sich auf dem Boden (...) Mit knisterndem Prasseln verschlingen die Flammen den letzten Rest verbrennbaren Gutes, und dann versinkt alles in einem Meer ätzenden Qualmes. Die Kämpfer haben endlich ausgelitten.«

Ihr Leid übersteigt jede Vorstellungskraft. Die Aufopferung des Einzelnen für den Kameraden auch. Auf den Verbandsplätzen im U-Werk und in den ganz wenigen anderen Unterständen versuchen Ärzte und Sanitäter, dem Chaos Herr zu werden. Wer dort nicht stirbt, den schleppen Träger in Zeltbahnen unter unsäglichen Mühen zurück, über den »Todespfad«, den Steilhang des Vaux-Hanges hinauf und über den Hardaumont bis zum Bezonvaux-Werk, wo ein großer Truppenverbandsplatz eingerichtet worden ist. Dort amputieren die Ärzte am Fließband zerschossene Gliedmaßen oder operieren Kugeln und Granatsplitter heraus, während Traumatisierte auf Pritschen festgebunden und ruhiggestellt werden.

Der Tod hält auch dort noch einmal fleißig Ernte. Das Reserve-Infanterie-Regiment 88, in dem Fritz seinen Kriegsdienst begonnen hat, beklagt alleine an den ersten vier Tagen der Schlacht 1200 Tote und Verwundete. Das ist fast die Hälfte der Einheit. In Fritz' Regiment dürften es nicht weniger gewesen sein. Unter den Gefallenen sind der Leutnant Otto Lahmann und der Assistenzarzt Dr. Fritz Wolff, die Fritz Rümmelein eineinhalb Jahre als gute Kameraden zur Seite gestanden haben. Eine Artilleriegranate hat am 11. August ihre jungen Leben ausgelöscht. Fritz fotografiert später ihre liebevoll hergerichteten Gräber auf dem

Die Regimentsführung vor der Truppenparade in Trieux im Briey-Becken. Die Offiziere warten auf den Kronprinzen und Oberbefehlshaber der 5. Armee, zu der auch die 21. Reserve-Infanterie-Division gehört (rechts).

Linke Seite: Der Kameradenfriedhof von Loison bei Spincourt. Hier ruhen Gefallene des 87. Reserve-Infanterie-Regiments. Die meisten Toten der Einheit haben allerdings kein Grab (links).

Die liebevoll hergerichteten Gräber von Otto Lahmann und Dr. Fritz Wolff in Loison. Die beiden Freunde von Fritz Rümmelein sind am 11. August 1916 durch eine Artilleriegranate ums Leben gekommen (rechts).

Soldatenfriedhof von Loison, der neben dem deutschen Truppenlager Marguerre in einem Waldgebiet bei Spincourt angelegt worden ist. Viele von Fritz Rümmeleins gefallenen Kameraden haben aber nicht einmal Gräber, wie der Hanauer Leutnant und Kompaniechef von den 88ern, Gustav Schien. Er ist am 2. August in der Fumin-Schlucht beerdigt worden, doch die Stelle war schon nach wenigen Stunden durch den andauernden Artilleriebeschuss umgepflügt.

Im Großen Hauptquartier seiner Majestät des Kaisers und Königs in Charleville-Mézière ist nach der festgefahrenen Offensive unterdessen jedermann klar geworden, dass ein weiteres Anrennen gegen die französischen Befestigungen sinnlos ist, verschleißt es doch zu viele Kräfte des deutschen Westheeres. Falkenhayn ist damit gescheitert und wird im August abberufen. Seine Nachfolger, Generalfeldmarschall Paul von Hindenburg und Stabschef Erich Ludendorff als »Erster Quartiermeister« befehlen unverzüglich die Einstellung der Offensive vor Verdun, was von der Truppe und auch von Fritz begrüßt wird.

Anfang September werden die Reste der 21. Reserve-Infanterie-Division und somit auch die des R.I.R. 87 aus der »Hölle von Verdun« herausgelöst. Es geht zurück in die Champagne, in die Gegend von Cernay-en-Dormois. Doch bevor die Regimenter das Briey-Becken verlassen, paradieren sie in Trieux vor dem Kronprinzen und Oberbefehlshaber der 5. Armee. Dieser würdigt die Leistungen der Division und erinnert daran, dass schon einmal der Ansturm des Feindes an ihrem Widerstand »zerschellt« sei, damals in der Septemberschlacht in der Champagne. Die wohlbekannte Stellungsgegend dort sei von der Division wie eine Art Heimat begrüßt worden. Weiter heißt es in der

Divisionsgeschichte, dass sie schon Anfang Oktober »wieder auf der Wanderung« gewesen seien. »Zuerst kam eine Ruhezeit in der Gegend von Rethel, Tagnon und Château-Porceien. Es waren herrliche Herbsttage, die wir nie vergessen werden. Wir waren für die Sommekämpfe bestimmt.«

Fritz Rümmelein ist seit Mitte / Ende September auf Heimaturlaub in Zwiesel und Hanau. Der Leutnant, der von seinem Offiziersburschen Bald begleitet wird, ist psychisch und körperlich erschöpft von den Strapazen der zurückliegenden Monate. Und er hat eine Verletzung an der rechten Hand. Doch das mit Stolz getragene Eiserne Kreuz Erster Klasse, das ihm in Verdun verliehen worden ist, lässt ihn darüber hinwegsehen. Nach einer erholsamen Zeit in Niederbayern fährt er nach Hanau, wo er wieder mit Alfred Kießling zusammentrifft, der fleißig Alben anlegt, in die er die Fotos von Fritz einordnet. Denn der hat auch in Verdun Bilder gemacht. Am 8. Oktober, an dem Tag, an dem er wieder zu seinem Bataillon aufbricht, schreibt er sein Eltern in Zwiesel eine Postkarte und grüßt sie mit einem trotzigen »Heil und Sieg«.

Doch mit dem Sieg ist das so eine Sache. Denn im französischen Oberkommando ist inzwischen Pétain durch General Nivelle ersetzt worden. Und der peitscht seine Truppen in Verdun ohne Rücksicht auf Verluste nach vorne. Schon am 24. Oktober haben diese Douaumont zurückerobert, den Hardaumont erreicht und den größten Teil der deutschen Stellung jenseits der Vaux-Schlucht genommen. Für die stark dezimierte 21. Reserve-Infanterie-Division bedeutet das, dass sie nicht an die Somme verlegt, sondern zurück in die »Hölle von Verdun«. Kurz darauf bezieht sie Stellung am Süd- und Südwesthang des Hardaumont. Sie steht im schweren Abwehrkampf und liefert Fort Vaux die Flankendeckung, ehe es Anfang November gesprengt und aufgegeben wird. Als die Regimenter am 6. Dezember 1916 aus ihren Stellungen herausgelöst werden, übergeben diese eine im Großen und Ganzen intakte Linie. Wieder erfahren sie die Würdigung des Kronprinzen für ihre Verdienste. Es ist aber ein Abschiedsbefehl seiner Hoheit, denn die 21. Reserve-Infanterie-Division wird aus dem Verband seiner 5. Armee entlassen und fortan direkt der dritten Obersten Heeresleitung unterstellt.

Da die anstürmenden französischen Regimenter in Verdun unaufhaltsam vorzurücken scheinen, wird die Division am 14. Dezember noch einmal in die dortige Schlacht geworfen, doch nur für wenige Tage. Nivelles Truppen haben inzwischen den Hardaumont genommen und Bezonvaux. Sie stehen vor Ornes und haben damit den Außengürtel der Nordostfront von Verdun erreicht. Die Stellungen der Feldgrauen verlaufen also fast wieder dort, von wo sie zehn Monate zuvor zur Großoffensive angetreten sind. Mehr als 143 000 deutsche und 162 000 französische Soldaten sind seitdem gefallen. Viele mehr wurden verwundet. Obgleich es militärisch gesehen keinen Sieger gibt, wird die Schlacht vor Verdun, vor der Stadt, in der 843 mit der Teilung des Frankenreichs die Wiege der französischen Nation gestanden hat, zum psychologischen Sieg für Frankreich. Denn »ils n'ont pas passé«, sie sind nicht durchgekommen, die verhassten Deutschen.

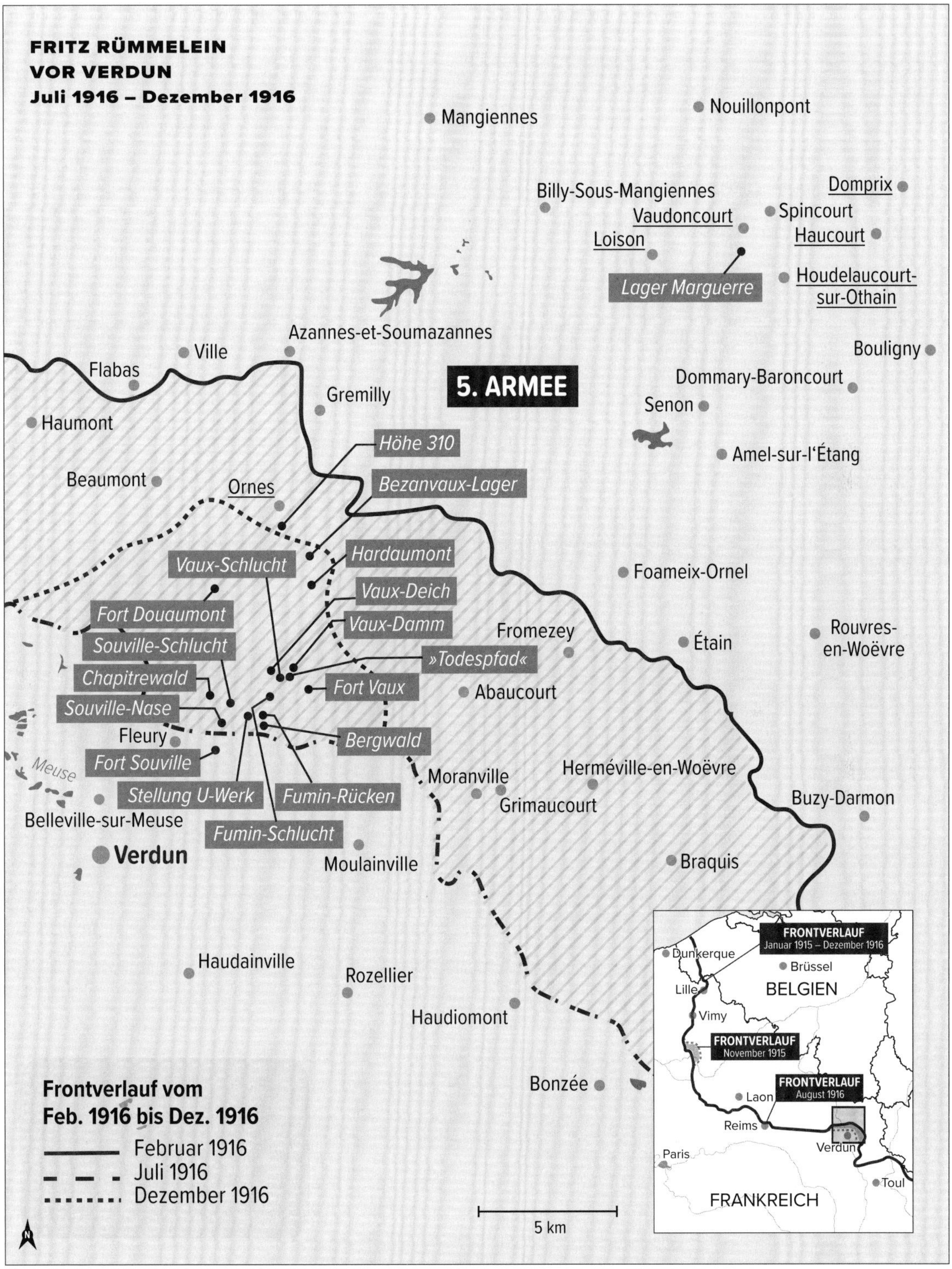

Gebiet vor Verdun, wo Fritz Rümmelein zwischen Juli und Dezember 1916 eingesetzt worden ist. Die Unterstreichungen unter den Namen der Dörfer weisen sie als Orte aus, die in den Aufzeichnungen des Leutnants vorkommen. Die kursiven, grau unterlegten Angaben markieren militärische Lokationen.

Der an der Hand verletzte Fritz Rümmelein bei seinem Besuch in Hanau im Februar 1917

Januar – Oktober 1917

An Cornillet und Chemin des Dames

Fritz Rümmelein sind seit der Jahreswende 1916/17 bessere Tage beschert – Tage ohne die Nervenanspannung, ohne das Pfeifen der Artilleriegranaten ertragen zu müssen, ohne den Soldatentod ständig vor Augen zu haben. Seine Division ist jetzt Reserve der Obersten Heeresleitung und liegt hinter der Armeeabteilung Falkenhausen bei dem zu Beginn des Krieges hart umkämpften Saarburg (Sarrebourg). Das bedeutet für die erschöpften Männer und damit auch für Fritz, dem seine Verletzung an der rechten Hand immer noch zu schaffen macht, etwas Zeit, um zu regenerieren. Am 31. Dezember 1916 schreibt er nach Hause: »Bin heute in Saarburg zur Entlausung. Heute Abend sehen wir Filme.« Bei aller Ablenkung zum Jahreswechsel, auf dem noch im Offizierskasino angestoßen wird, ist er nach wie vor von einer ehernen Pflichterfüllung geleitet.

Der Leutnant schaut mit Hoffnung in das neue Jahr 1917 – Hoffnung auf ein Ende dieses furchtbaren Krieges, dass nicht nur er, sondern Millionen Menschen in Europa herbeisehnen. Die Schlachten in Verdun und auch die an der Somme, bei der die Zahl der Toten und Verwundeten die Millionengrenze weit überschritten hat, machen den Wahnsinn dieses Krieges jedermann deutlich. Es ist Reichskanzler von Bethmann Hollweg, der deshalb mit einer Friedens-

Das Wunder von Saarburg. Nur die Christusfigur ist bei der Schlacht am 20. August 1914 unbeschädigt geblieben.

initiative der Mittelmächte aufwartet. Kaiser Wilhelm II. hat sie von Anfang an gegen die Militärführung unterstützt. Es sei »eine sittliche Tat«, die notwendig sei, »um die Welt von dem auf allen lastenden Druck zu befreien«. Der amerikanische Präsident Woodrow Wilson wendet sich daraufhin an die Kriegsparteien, konkrete Forderungen zu benennen. Es müsse ein »Frieden ohne Sieger« sein, verkündet er. Berlin erklärt sich bereit, auf die Annexion Belgiens und auf die besetzten Teile Frankreichs zu verzichten, fordert aber Garantien für die Sicherheit seiner Westgrenzen. Doch darauf wollen sich Paris und London nicht einlassen. Sie lehnen den deutschen Friedensvorstoß ab, denn sie wissen, dass die Zeit für sie arbeitet. Am 5. Januar 1917 ziehen die Mittelmächte ihr Friedensangebot zurück.

Für Fritz Rümmelein und für die Masse der deutschen Soldaten zeigt dies einmal mehr, wer die Verantwortlichen für diesen Krieg sind. Es motiviert ihn und viele seiner Kameraden, für das Vaterland weiterzukämpfen. Doch noch ist es nicht soweit, denn sie bleiben in der Reserve. Es sind, wie gesagt, gute Zeiten für die Männer, die durch die Hölle gegangen sind, nicht zuletzt, weil sie im Grenzland liegen. Und im Grenzland hat das Gros der Bevölkerung Sympathie für die deutschen Soldaten. Es ist fast so wie zu Hause. Am 27. Januar feiern sie ausgiebig den Geburtstag des Kaisers, ihres obersten Kriegsherrn. Jeder Anlass, sei er auch noch so klein, wird für feuchtfröhliches Zusammensein genutzt. Die Männer haben zu viel erlebt, um nicht zu wissen, dass das Leben als Feldgrauer in diesen Zeiten schnell zu Ende sein kann.

Am 7. Februar wird es wieder Ernst. Das aufgefrischte 87. Reserve-Infanterie-Regiment wird an der nahegelegenen lothringischen

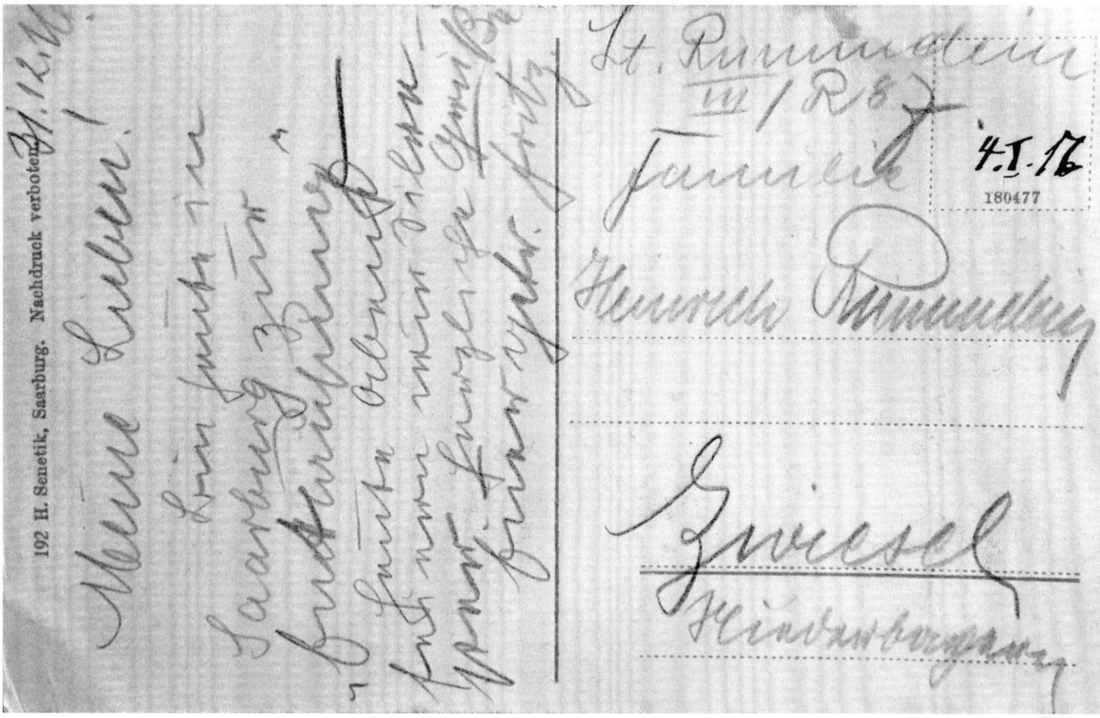

Von links nach rechts: Ansichtskarte der Stadt Saarburg in Lothringen

Rückseite der Karte. Er sei heute bei der Entlausung, schreibt Fritz Rümmelein.

Front östlich von Nancy eingesetzt, wo es verhältnismäßig ruhig ist. Fritz ist beim Bataillon, das in Château-Salins liegt, auch wenn er wegen seiner Verletzung an der Hand immer noch nicht so recht einsatzfähig ist. Er macht dort viele Fotos. Und er nutzt die Zeit auch für einen Abstecher über Hanau nach Zwiesel. Sein Offiziersbursche Bald begleitet ihn dabei. Ende des Monats ist das 87. Reserve-Infanterie-Regiment wieder Reserve der OHL. Im April nimmt der inzwischen Wiederhergestellte zwei Tage Urlaub, um einen Ausflug ins nahe Straßburg zu machen. Dort trifft er sich mit einer Hanauerin. Man scheint sie inzwischen auch in Zwiesel zu kennen, unterschreibt sie doch Fritzens Ansichtskarte vom Münster.

In den Zeitungen, die sie ihm von dort schicken, liest Fritz Rümmelein unter anderem von der Februar-Revolution in Russland. Wird sie den Weg für einen siegreichen Frieden im Osten frei machen und es ermöglichen, alle verfügbaren Truppen an die Westfront zu werfen? Das hofft eine ganze Nation. Die dritte Oberste Heeresleitung um Hindenburg und Ludendorff hat schon einmal den uneingeschränkten U-Boot-Krieg wieder aufgenommen, um mit einer Seeblockade Großbritannien zu schwächen. Doch am 6. April erklären die Vereinigten Staaten, die soeben noch die Berliner Friedensinitiative begrüßt haben, dem Reich den Krieg. Das ist ein Schock für die Deutschen. Wie soll der Krieg jetzt noch gewonnen werden, fragen sich viele. Die einzige Möglichkeit ist: Die Entscheidung muss errungen werden, bevor die Amerikaner mit ihren schier unendlichen Ressourcen an der Westfront in das Kriegsgeschehen eingreifen.

»Fort von hier zu den Entscheidungskämpfen«, schreibt Fritz am 5. Mai 1917 dem Großvater nach Zwiesel, als sein Regiment in die Champagne abrückt. Die anderen Regimenter der 21. Reserve-Infanterie-Division, die bis Mitte April OHL-Reserve gewesen ist, sind schon dort angekommen. Denn während weiter nördlich bei Arras der Oberbefehlshaber des britischen Expeditionskorps Haig Anfang April mit 60 Tanks, wie die Panzer heißen, und 33 Divisionen zur Großoffensive angetreten ist, den Vimy-Rücken erstürmt und die Deutschen ein paar Kilometer zurückgedrängt hat, ist Nivelle in der Champagne und an der Aisne mit noch stärkeren Kräften zur Großoffensive angetreten. Auf einer Frontbreite von 40 Kilometern – von Soissons bis hinüber nach Suippes – rennen drei Armeen mit fast einer Million Soldaten gegen die deutsche Verteidigungslinie an. Sie werden von 3500 Geschützen und 200 der neuen Schneider-Panzer unterstützt, die sich allerdings als wenig kampftauglich erweisen.

Den Hauptstoß der Großoffensive hat Nivelle nach zehntägiger Artilleriekanonade am 16. April gegen den Chemin des Dames geführt, gegen jenen markanten Höhenzug, der in west-östlicher Richtung im Dreieck Soissons, Laon und Reims verläuft. Am Tag darauf greift weiter östlich davon eine französische Armee die deutschen Stellungen in der Champagne an. Ihr Ziel ist die Einnahme der Höhenlinie vom Berg Cornillet bis zum Pöhlberg, den die Feldgrauen »Winterberg« nennen. In diesem Gebiet steht das deutsche Armeeoberkommando (AOK) 1 mit seinem Hauptquartier im 80 Kilometer von Reims entfernten Rethel. Es ist am 12. April zwischen der 7. und 3. Armee an der Aisnefront eingeschoben worden und

Oben im Uhrzeigersinn: Eine Aufnahme der lothringischen Front westwärts von Nancy

Feldgraue auf dem Marktplatz von Château-Salins. Um eine Verwechslung auszuschließen, hat die Stadt ihren Namen aus französischer Zeit behalten.

Abmarsch aus Château-Salins. Zur Front sind es für die Soldaten nur ein paar Kilometer.

Ein Musikzug des Regiments an der Kirche St. Johannes der Täufer in Château-Salins

Linke Seite: Gruppenbild mit Damen. Manche Liebschaft kommt da zustande. Ansonsten hofft die deutsche Bevölkerung Lothringens auf den Sieg (links).

»Ständchen« von Männern des Musikzuges vor einem Haus in Château-Salins (rechts)

Hauptmann von Wenckstern und sein Adjutant nach der Rückkehr in die Champagne (oben)

Säcke voller Briefe und Pakete. Die Feldpost ist relativ schnell und zuverlässig (unten).

Rechte Seite: Ansichtskarte vom »treuen Fritz« aus der zerstörten Kleinstadt Rethel

hat die bereits dort stehenden Korpsgruppen mit 19 Divisionen übernommen. Dem AOK 1 ist auch Fritz Rümmeleins dort nach und nach eintreffende 21. Reserve-Infanterie-Division unterstellt.

Die sogenannte Nivelle-Offensive bringt den haushoch überlegenen französischen Armeen allerdings nur geringfügige Geländegewinne. Und diese werden mit schwersten Verlusten erkämpft. Bis zum 25. April zählen die Franzosen etwa 30 000 Tote und 100 000 Verwundete. Das drückt auf die Moral, besonders auch bei den Kolonialtruppen. Das Chanson von Craonne, einem Dorf am Chemin des Dames, wo der Kampf apokolyptische Züge angenommen hat, wird für die Poilus zum Symbol des sinnlosen Sterbens. Bald kommt es bei ihnen zu kollektiver Befehlsverweigerung. Nivelle, den sie inzwischen »Blutsäufer« nennen, antwortet mit rücksichtsloser Härte, lässt von Standgerichten mehr als 500 Todesurtele verhängen und 49 Männer erschießen. Mit aller Mühe gelingt es der französischen Führung, die Meutereien einzudämmen. Dazu gehört die Einstellung der Offensive Ende Mai. Schon Mitte des Monats hat Nivelle gehen müssen und ist durch Pétain ersetzt worden.

Als das R.I.R 87 in der beim deutschen Vormarsch 1914 zerschossenen Kleinstadt Rethel, seinem Standort, eintrifft, zeichnet sich der deutsche Abwehrerfolg bereits ab. Gleichwohl wird die Truppe Mitte Mai unverzüglich in den Kampf geworfen. Wo, ist nicht überliefert. Nach dem Abbruch der französischen Großoffensive versucht die 3. OHL den Schwächemoment beim Feind ausnutzen, so gut es mit den geringen, zur

Rethel.

Nr. 280.
Kunst- u. Verlagsanstalt Schaar & Dathe, Komm.-Ges. a. Akt., Trier.
K.D. Feldpost-Exp.
29.6.15.4-5N
der
21. Reserve-Div.

Verfügung stehenden Kräften überhaupt möglich ist. Immer wieder werden in den folgenden Wochen lokale Angriffe durchgeführt, um den Verlauf der Abwehrfront zu optimieren. Im August gerät die Rückeroberung des Mont Cornillet in den Fokus. Denn die sanfte Erhebung, von der im Südwesten die Türme der Reimser Kathedrale zu sehen sind, ist von operativer Bedeutung.

Schon im Zuge der Nivelle-Offensive ist um den Berg hart gerungen worden, unter dem sich ein altes Kreidebergwerk samt ausgedehntem Stollensystem verbirgt. Dieses ist von den Deutschen nach der Eroberung des Cornillets, wie zuvor von den Franzosen, als Mannschaftsunterkunft, Notlazarett und Befehlsstand genutzt worden. Am 20. Mai haben schwere Gasgranaten einen Luftkanal durchschlagen und sind in einem Stollen explodiert. Hunderte Soldaten eines württembergischen Infanterie-Regiments sind dabei verschüttet worden. Die meisten von ihnen sind einen grausamen Tod gestorben, da sie sich nicht mehr ins Freie haben retten können. Ein französischer Offizier hat später darüber berichtet: »Die Deutschen wurden größtenteils Opfer der Gasvergiftung. Schwerste Granaten mit Spezialzündern durchschlugen am 20. Mai 1917 früh mehrfach den Kreideberg (…) Kohlendioxyd kroch durch die Stollen, Giftgas drang von den Eingängen ein und so wurde die Besatzung erstickt und erschlagen (…) Ein Eingang war in Trümmern, die beiden anderen waren überfüllt mit Leichen.«

Die Franzosen haben die Situation genutzt und trotz deutscher Entlastungsvorstöße mit Unterstützung ihrer Flieger-Einheiten den Berg unmittelbar darauf erstürmt. Der soll ihnen nunmehr wieder entrissen werden. Nach langen Vorbereitungen, an denen Fritz beteiligt ist, tritt das 87. Reserve-Infanterie-Regiment am 10. August 1917 an. Es gelingt den Feldgrauen trotz schwersten französischen Artilleriefeuers, in die feindlichen Stellungen am Nordhang des Mont Cornillet einzubrechen und diese zu nehmen. Der blutige Kampf ist noch nicht beendet, als eine schwere Granate nahe dem Bataillonsgefechtsstand einschlägt und den Stollen, in dem dieser untergebracht ist, zum Einsturz bringt. Zunächst sieht es so aus, als würde Wenckstern, Fritz Rümmelein und einen Leutnant Boehringer das gleiche Schicksal wie die Württemberger ereilen. Doch dann geschieht ein kleines Wunder. In einem zeitgenössischen Bericht ist darüber zu lesen: »Während der Kampfhandlungen wurde Hauptmann von Wenckstern mit seinem Adjutanten, dem hervorragend tapferen Leutnant Rümmelein, und dem Artillerie-

Rechte Seite oben: Blick auf den Mont Cornillet etwa 20 Kilometer östlich von Reims. Das Regiment soll den Berg mit seinen unterirdischen Anlagen den Franzosen entreißen.

Eine Feldhaubitze mit dem Kaliber 10,5 Zentimeter auf dem Weg zur Front. Tausende dieser Geschütze, die von Krupp und Rheinmetall gebaut worden sind, gelangten im Westen zum Einsatz (unten links).

Der Bataillonsstab bei der Verlegung. Einige Männer werden auf dem Pferde-Wagen einen Platz finden müssen. Die Offiziere sind hoch zu Ross unterwegs (unten rechts).

ersmesse

OFFIZIER
CASINO

beobachter, Leutnant Boehringer, verschüttet, und nur dem unerschrockenen, treuen Zugreifen verschiedener Mannschaften verdanken es die Offiziere, daß sie trotz stärksten feindlichen Artilleriefeuers ausgegraben werden konnten.« Von Wenckstern übernimmt nach der glücklichen Rettung sogleich wieder die Führung seines Bataillons, und auch Fritz steht ihm trotz zahlreicher Blessuren zur Seite.

Der schwere Kampf um den Cornillet-Berg ist mit der Einnahme der Stellungen am Nordhang noch nicht vorüber. Denn die Franzosen werfen alles in den Kampf, was sie zur Verfügung haben. Im deutschen Heeresbericht heißt es unter dem 14. August 1917 über den westlichen Kriegsschauplatz: »An der Aisne-Front und in der Westchampagne war eine erhebliche Zunahme des Artilleriefeuers merkbar. Am Cornillet, südlich von Nauroy, griffen die Franzosen zweimal ohne jeden Erfolg die von uns dort am 10. August gewonnenen Stellungen an.« Doch schon wenige Tage später müssen die Deutschen den Todesberg räumen und sich ein Stück weit zurückziehen. Zu groß ist die Übermacht der durch Kolonial-Regimenter verstärkten französischen Angreifer.

Das Bataillon von Fritz ist inzwischen aus der vordersten Front vor Reims herausgelöst und zur Auffrischung in den rückwärtigen Raum, nach Neuflize, ein paar Kilometer südwestlich von Rethel, verlegt worden. Der Stab ist in dem dortigen Châ-

teau untergebracht, einem prächtigen Bau mit ausgedehntem Park. Wäre da nicht der Eindruck des soeben Erlebten und das gelegentliche Grollen der französischen Artillerie, hätte Fritz dort fast vergessen können, dass Krieg ist: Er reitet aus, geht mit den Offizieren des Stabs auf die Jagd oder trinkt Beute-Champagner im Offizierskasino. Und er fotografiert wieder etwas mehr. Den Fotoapparat hat Fritz auch dabei, wenn er die ganz in der Nähe stationierten Jagdflieger besucht. Das tut er in diesem Sommer – wenn er im Ruheraum ist – öfters, denn er ist fasziniert von der neuen, sich rasant entwickelnden Waffe.

Immer öfter sind die »Ritter der Lüfte« über den Schlachtfeldern zu sehen, wo sie

Von links nach rechts:
Ein Meldegänger. Der Mann wartet auf einen günstigen Augenblick, um den Graben unbeschadet verlassen zu können.

Besprechung in der Stellung.
Ein Offizier studiert die Karte. Er weiß, dass ein falscher Befehl das Leben von Kameraden kosten kann.

Ein 38-Zentimeter-Blindgänger.
Granaten dieses gewaltigen Kalibers haben die Franzosen bei den Kämpfen um den Mont Cornillet zum Einsatz gebracht.

Hauptmann von Wenckstern.
Die Kämpfe im August 1917 sind nicht spurlos an dem Bataillons-Kommandeur vorüber gegangen. Er hat sie wie durch ein Wunder überlebt.

Ein Veterinär der Division bei der Begutachtung der Pferde. Fast sechs Millionen gelangen im Großen Krieg zum Einsatz (oben). Hufschmiede bei der Arbeit (unten). Rechte Seite: Das Château von Neuflize. Tägliche Ausritte des dort untergebrachten Stabes gehören zum Tagesablauf (rechts).

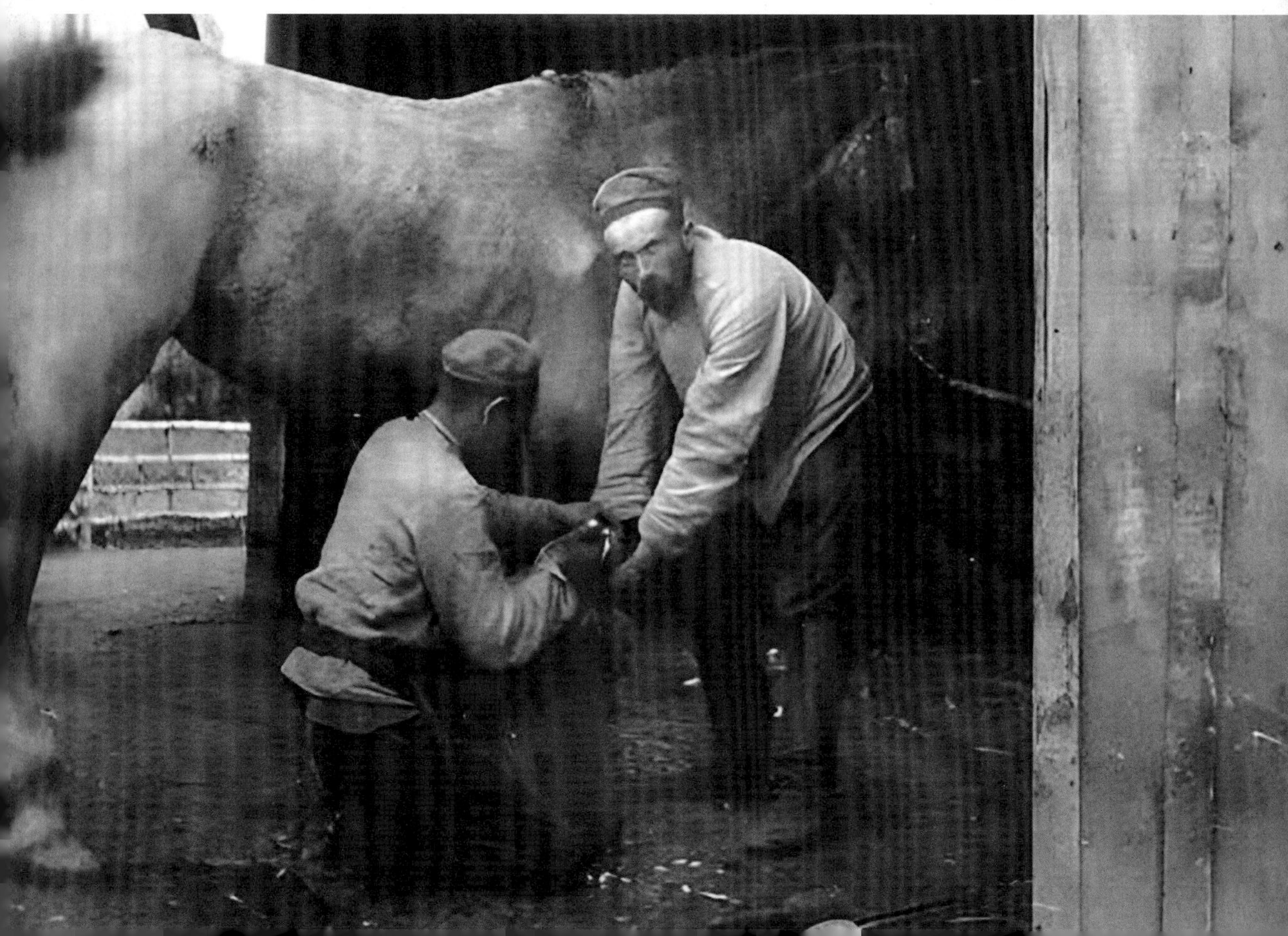

Eine Dampf-Dreschmaschine. Auch das III. Bataillon muss zum Ernte-Einsatz, denn die Versorgung mit Brot ist überlebenswichtig (oben links). Leiterwagen mit Getreidesäcken (oben rechts). Soldaten am Brunnen. Trinkwasser ist das zweite Essential (unten).

versuchen, den Gegner auszukurven, um in eine günstige Schussposition zu kommen. Mit den modernsten Albatros-Jagdflugzeugen haben die Deutschen sogar den zahlenmäßig auch hier weit überlegenen Franzosen und Briten die Luftherrschaft abgerungen. Nachdem er einmal hat mitfliegen dürfen, ist Fritz vollends begeistert. Er schreibt davon dem Vater in Zwiesel und berichtete von seinem Erlebnis. Doch dem bodenständigen Mann ist die Fliegerei etwas Unheimliches, weshalb er antwortet: »Dass Du einen netten Flug gemacht hast, freut mich zu hören, 1000 Meter ist schon eine Höhe, lass Dich nur nicht zu diesem Dienste verleiten.«

Seine Eltern, deren drei ältere Söhne jetzt im Feld stehen, sieht Fritz im Oktober 1917 wieder, als er wieder einmal Fronturlaub in Hanau und in Zwiesel macht. Die sind glücklich, ihren Fritz gesund in die Arme schließen zu können. Entsprechend schmerzlich ist es dann, als der 22-Jährige ein paar Tage darauf schon wieder ins Feld muss. »Mit dankbarem Herzen nimmt man Abschied von der Heimat und gondelt hinaus ins Ungewisse. Hinaus ins Feld, in den rauhen Krieg«, schreibt er in ein Oktavheft, das er fortan wieder als Tagebüchlein benutzen wird.

Während seines Heimaturlaubs ist seine Einheit abermals verlegt worden. Wohin weiß Fritz, der von seinem Offiziersburschen begleitet wird, nicht. Er glaubt, es geht nach Norden. Denn dort tobt seit Sommer die dritte Flandernschacht. In der Gegend um Ypern hat Haig die Entscheidung erzwingen wollen. Messines, Langemarck, Menen, Pilkem, Broodseinde, Poelcapelle und schließlich Passchendaele sind die Orte, auf die sich das

Feldgraue in einem Ort in der Champagne. Sie gehörten dort zum Bild. Die Bevölkerung hat sich nolens volens damit arrangiert.

Augenmerk der Menschen richtet. Über Monate wogt die Schlacht in Flandern unter gewaltigen Verlusten hin und her. Besonders Passchendaele, wo Kanadier, Neuseeländer und Australier kämpfen, wird zum Inbegriff des sinnlosen Massensterbens, denn der entscheidende Durchbruch von Haigs Truppen scheitert auch hier am verbissenen Widerstand der Deutschen, die nur geringfügige Geländegewinnen zulassen. Als Fritz auf dem Weg zu seinem Bataillon ist, hat die zweite Schlacht um Passchendaele gerade ihren Höhepunkt erreicht.

Doch in Charleville-Mézières, wo er und sein Bursche übernachten, erfährt er zu seiner Überraschung, dass sein Regiment nicht auf dem Weg nach Flandern ist, sondern irgendwo zwischen dem Chemin des Dames und dem 30 Kilometer weiter nörd-

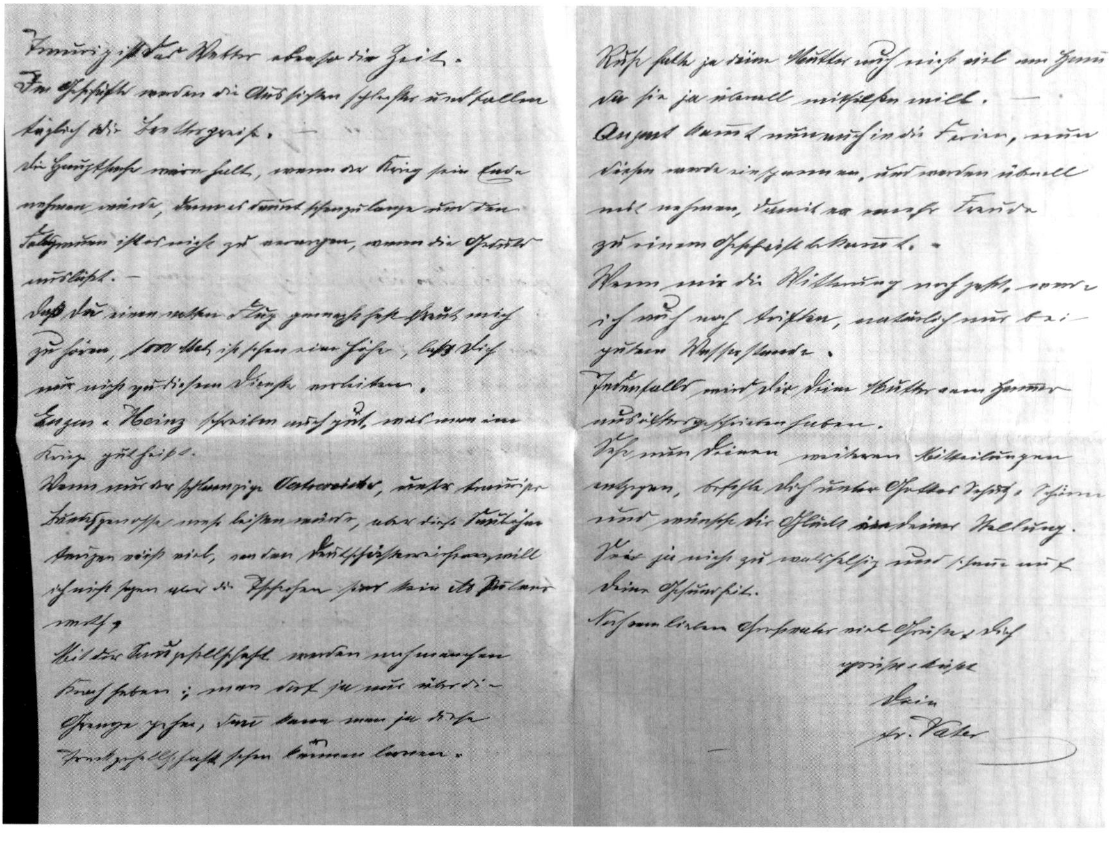

Eine startbereite deutsche Fokker. Die neue Waffe, die im rasanten Tempo weiterentwickelt wird, fasziniert viele junge Männer. Auch Fritz Rümmelein gehört zu ihnen (oben links).

Blick auf den Rittmeister, der den Flugapparat steuert. Für Fritz Rümmelein erfüllt sich ein Traum. Er darf mitfliegen und kann dabei sogar Fotographien machen (oben rechts).

Die »Ritter der Lüfte«, wie die Flieger genannt werden. Die Männer brauchen für ihre Arbeit eine warme Bekleidung, denn sie sind fast schutzlos dem Wetter ausgesetzt (rechts).

Linke Seite: Ein Feldflugplatz in Frankreich. Als Unterstände für die empfindlichen Flugapparate aus Holz und Leinwand dienen große, schnell auf- und abgebaute Zelte (oben).

Brief Heinrich Rümmeleins an seinen Sohn. Der besorgte Vater gibt diesem den gut gemeinten Ratschlag, die Fliegerei zu meiden und doch lieber auf dem Boden zu bleiben (unten).

Die Place Ducale in Charleville-Mézières. Die Stadt an der Mosel ist für die deutsche Kriegführung im Westen ein wichtiger Eisenbahnknotenpunkt und zeitweise auch der Sitz des Großen Hauptquartiers.

lich gelegenen Laon eingesetzt ist. Gegen den Höhenzug und nur gegen diesen hat Pétain Mitte Oktober eine neue Offensive befohlen. Nach einem neuntägigen Höllenfeuer aus Spreng-, Gas- und Nebelgranaten seien zahlreiche Dörfer, das Fort Malmaison, die ungezählten Fermen, Landschlösser, Mühlen und Kapellen zu Schutt zermahlen, die Gräben eingeebnet worden, berichtet Stegemann in seiner Geschichte des Krieges. Danach seien Pétains beste Truppen zum Sturm angetreten. Auf der anderen Seite hätten Hungernde, Durstende, von Gas betäubte und Verwundete den Angriffen zweier Elite-Divisionen und denen von Zuaven, Kolonialinfanterie, algerischen Schützen, Marokkanern und Alpenjägern getrotzt.

Da die Lage der deutschen Verteidiger am Chemin des Dames kritisch ist, tut der Ausbau der nur wenige Kilometer dahinter verlaufenden Siegfriedstellung Not, denn sie ist die Hauptverteidigungslinie, mit der die ge-

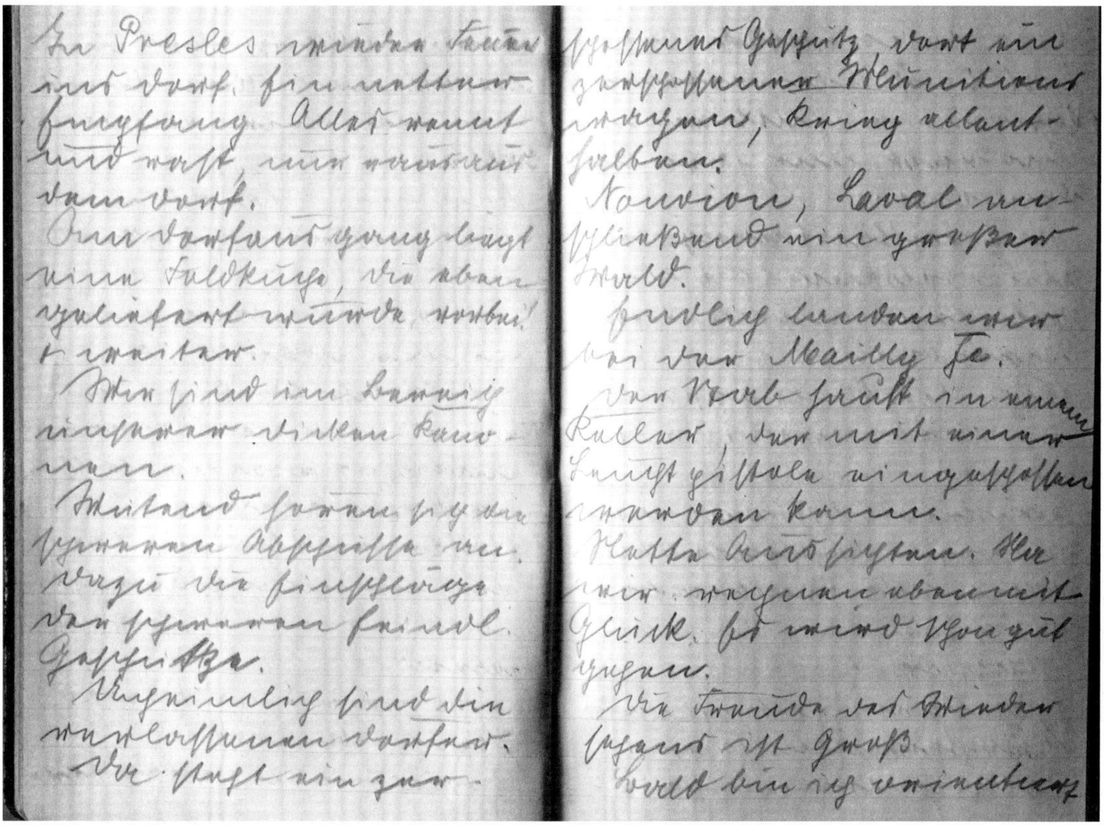

Auszug aus Fritz Rümmeleins Tagebuch. Detailliert beschreibt der Leutnant die Wegstrecke, die er zurückgelegt hat, aber auch seine Rückkehr zum Bataillon und das Wiedersehen mit den alten Kameraden.

samte Westfront maßgeblich begradigt worden ist. Tag und Nacht arbeitet das 87. Reserve-Infanterie-Regiment an den Stellungen südlich Laons. Über seinen Marsch dorthin berichtet Fritz Rümmelein: Nach einer Nacht im Charleviller Hotel Commerce in einem Zimmer mit Dampfheizung geht es am 26. Oktober mit der Eisenbahn und zuletzt per Lastwagen über Lille, Hirson, Presles-et-Thierny und Nouvion-le-Vineux nach Laval-en-Laonnois. In dem Dorf fragen sie sich durch und gelangen schließlich zu Fuß durch einen größeren Wald nach Mailly, einem Schloss, in dessen Keller der Bataillonsgefechtsstand untergebracht ist.

»Die Freude des Wiedersehens«, so Fritz, »ist groß. Bald bin ich orientiert über den Einsatz des Bataillons. Dann wird vom Urlaub erzählt. Erinnerung, wie bist du schön. Die erste Nacht geht gut vorüber. (…) Am Vormittag (…) gehe ich mit Herrn Hauptmann zu den Kompanien in die Siegfriedstellung, die erst

Von Wenckstern mit zwei Offizieren des Bataillons-Stabs südlich von Laon, wo die Einheit beim Ausbau der »Siegfriedlinie« mitwirkt (links). Der Bataillonskommandeur wirft einen Blick durch das Graben-Periskop. Das Gerät ermöglicht es, gefahrlos den Feind zu beobachten (rechts).

ausgehoben wird. Unsere braven Kompanien fanden nur eine knietiefe Trasse vor, das andere müssen wir halt bauen! (...) Um 3 Uhr kommen wir heim. Unterwegs kriegen wir Feuer und dicke Brocken, wir hatten Dusel. Es passierte nichts. Die Kanonen sind feste bei der Arbeit von beiden Seiten. (...) Luftbetrieb kolossal. Zeitweise kann man 30 deutsche Flugzeuge zählen. (...) So geht der erste Tag schnell rum. In der Nacht liegt viel Feuer in der Gegend, wir bleiben verschont.«

Am Morgen des 30. Oktober macht er mit von Wenckstern wie fortan jeden Tag einen Rundgang durch die Stellungen. Auf dem Weg dorthin treffen sie einen Mann, von dessen Hals der »Blaue Max« prangt. Fritz ist tief beeindruckt von dem Träger der höchsten Tapferkeitsauszeichnung. In seinem Tagebuch schreibt er: Er habe »den Hauptmann Haupt, Ritter des Pour le Mérite, den Bezwinger von Douaumont, kennen(gelernt). Er führt ein Bataillon im Inf. Regt. 24. Alle famose Soldaten.« Ansonsten ist es wieder wie immer an diesen Tagen zwischen Laon und dem Chemin des Dames. »Am Abend entwickelt sich ein toller Artilleriekampf.« Der fordert auch hinten immer wieder Opfer. Die rücken an Allerheiligen verstärkt ins Bewusstsein. Fritz notiert, es sei »das Fest der Toten. Dankbar gedenkt man derer, die ihr Leben für uns und das liebe Vaterland lassen mussten.« Ein paar Stunden später kommt die Nachricht, dass die Verteidiger den gesamten Höhenzug des Chemin des Dames räumen und sich auf die etwas nördlich davon – Richtung Laon – gelegene Hochfläche von Montbérault am Nordufer der Ailette zurückziehen.

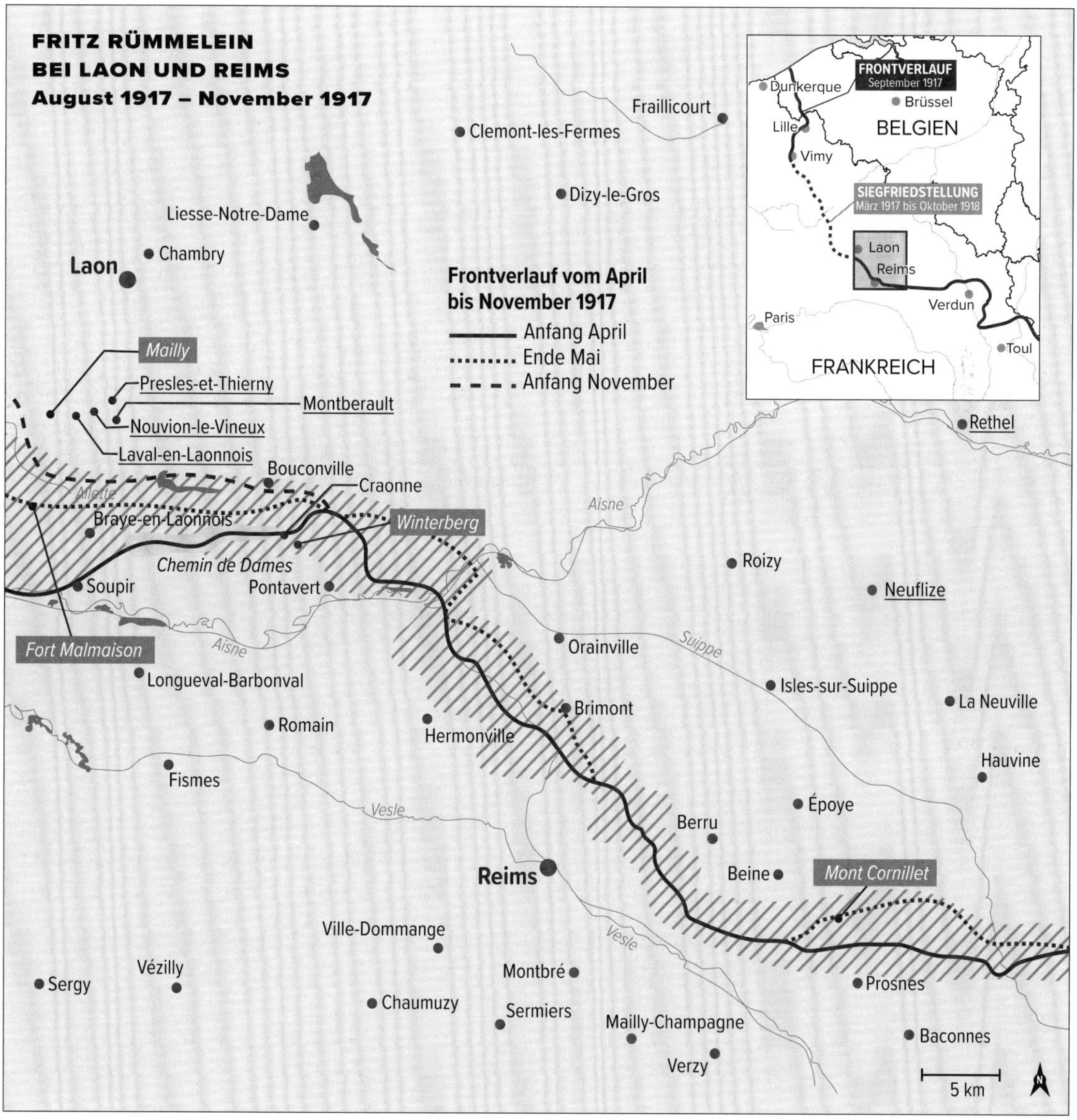

Skizze des Einsatzgebiets von Fritz Rümmelein östlich von Reims und südlich von Laon zwischen August 1917 und November 1917. Die Unterstreichungen der Ortsnamen kennzeichnen die im Zusammenhang mit dessen Wirken stehenden Dörfer. Handelt es sich um militärische Lokationen sind diese kursiv und grau unterlegt.

Der während der Großen Schlacht um Frankreich am 24. März 1917 bei Rocquigny verwundete Fritz Rümmelein in der Obhut von Sanitätern

November 1917 – Juni 1918

Bei Cambrai und in der Großen Schlacht um Frankreich

Anfang November 1917 wird das Regiment und damit auch Rümmeleins Bataillon angesichts der näher rückenden Front nach Laon verlegt, wo ein Teil der Männer in der Martinskirche Quartier nimmt. Jetzt marschieren sie täglich von dort zu den Schanzarbeiten in der Siegfried-linie südlich der Stadt. Die Stimmung sei nicht schlecht, notiert Fritz. Dann kommt die Nachricht, die wie eine Bombe einschlägt: Das Regiment soll nach Flandern. »Flandern. Also doch! Na dann los. Ein neuer Gegner. Was andere können, können wir auch. Freilich werden viele, die heute noch gesund und richtig sich ihres jungen Lebens freuen, dann bald ausgelebt haben«, schreibt Fritz und merkt noch an, dass es doch sein müsse. »Das weiß jeder, selbst der jüngste Rekrut. Und wie's bestimmt ist, so kommt's.« Fritz ist inzwischen Fatalist geworden. Der Allmächtige wird es schon weiterhin gut mit ihm meinen, sagt er sich. Und von der Notwendigkeit dieses Krieges ist er ohnehin überzeugt, wenngleich er sein siegreiches Ende herbeisehnt.

Doch in diesem beginnenden vierten Kriegsjahr sind die deutschen Kräfte längst erschöpft. In den Aufzeichnungen von Fritz spiegelt sich dies wider, wenn er über die Verlegung nach Norden schreibt. Zunächst steht nicht fest, wo die Truppen auf die Bahn verladen werden sollen. Erst in Sains, dann in Guise. Das Abmarschdatum verschiebt sich ständig. Das Transportwesen scheint hoffnungslos überfordert. Am 19. November 1917 geht es endlich los. Langsam bewegt sich der Zug nach Norden. Der Wechsel der Landschaft zwischen Frankreich und Vlamland sei interessant, notiert Fritz in sein Tagebüchlein. In Mons fassen sie Mittagessen, im flandrischen Gavere bei Gent werden sie am Nachmittag ausgeladen. Es folgt ein anstrengender Marsch in einen Ort namens Waregem, wo sie mitten in der Nacht ankommen und Quartier beziehen. Am darauffolgenden Morgen treten sie zum Appell an. Der Bataillonskommandeur fordert die Männer auf, nunmehr alles zu geben. Und er fügt noch hinzu: »Ihr kriegt endlich den Gegner vor die Klinge, der an allem die meiste Schuld hat.« Von Wenckstern meint damit die Engländer, die dem Reich ja wegen des Einmarsches in Belgien – wie er glaubt – den Krieg erklärt haben.

Doch dann kommt wieder alles anders. Die aktuellen Ereignisse haben die dritte Oberste Heeresleitung dazu veranlasst, möglichst starke Kräfte hundert Kilometer weiter südlich zusammenzuziehen. Denn bei Cambrai, dem strategisch wichtigen Eisenbahn-Knotenpunkt, hat der Feind eine Panzeroffensive begonnen. Es ist das erste Mal in diesem Krieg, dass hunderte Tanks konzentriert eingesetzt worden sind. Von Wenckstern setzt Fritz ins Bild, und der notiert: »Bei Cambrai & Douai hatten die Engländer Erfolg. Sie sollen bis in Douai gewesen sein. 10 km brt & 10 km tief durch. Das ist ja allerhand. 5 km sind sie zurückgeworfen. Na, da werden wir wohl wieder Lückenstopfer werden.«

Überstürzt wird wieder gepackt, und die Feldgrauen marschieren zum 25 Kilometer entfernten Verladepunkt Zottegem. In den Dörfern stehen Kinder an den Wegen und winken den Kämpfern zu. In der Stadt Zottegem klappe das Verladen gut, notiert Fritz. Dann droht Unheil aus der Luft. Er hält in seinem Tagebüchlein darüber fest: »Zwei große engl. Flieger kommen plötzlich aus den Wolken raus und überfliegen den Bahnhof. Zum Glück werfen sie keine Bomben.«

Rechte Seite, im Uhrzeigersinn:
Das III. Bataillon des Regiments bei der Eisenbahnverladung in Guise bei Laon

Fuhrwerk mit Ausrüstung. Nach dem Eisenbahntransport geht es in der Gegend von Chambrai mit Pferdefuhrwerken weiter.

Schwerstarbeit vor dem Abmarsch. Die tonnenschweren Wagen zu manövrieren, erfordert den ganzen Einsatz der Infanteristen.

Gulasch-Kanone im Schlamm. Die vom Regen aufgeweichten Böden behindern das Vorwärtskommen des Trosses erheblich.

Nach allerlei Verzögerungen setzt sich der Zug in Bewegung. Am Abend dieses 23. Novembers erreichen sie den Auslade-Bahnhof, wo sie bereits das Dröhnen der Kanonen hören. Fritz berichtet weiter, dass die Gefechtsbereitschaft hergestellt sei. Denn »der Engländer hat bei Bourlon erneut Gelände gewonnen, wir sollen nun zum Gegenangriff in den Flanken antreten«.

Doch daraus wird nichts. Das Bataillon solle etwas westwärts von Bourlon eine Einheit bei Mœuvres ablösen, die im erbitterten Abwehrkampf gegen die englische Panzeroffensive gestanden hat. Der Kampf der Infanteristen mit Handgranaten, Sprengladungen und Flammenwerfern gegen die Mark IV Tanks, gegen die stählernen Monster, die 28 Tonnen schwer sind und über zwei 57-Millimeter-Kanonen verfügen, ist nicht aussichtslos. Begünstigt wird die Sache dadurch, dass die Fahrzeuge mit der geringen Panzerung, die acht Mann Besatzung benötigen, alles andere als ausgereift sind. So hat das Royal Tank Corps bereits am ersten Tag der Schlacht von den 378 Tanks 178 verloren, davon nur 65 durch Feindeinwirkung. Viele Engländer ergeben sich. Doch ihre Reserven erscheinen unerschöpflich, sodass die erbitterten Kämpfe in unverminderter Härte weitergehen.

Am 3. Dezember wird das III. Bataillon abgelöst und ein Stück weit nach hinten verlegt. Doch am Tag darauf kommen bereits die Befehle für den Angriff auf die britischen Stellungen, der am 5. Dezember losbrechen soll. 13 deutsche Divisionen sollen die Engländer zurückwerfen und die Delle in der Siegfriedstellung wieder begradigen. Fritz notiert über die letzten, nervenzermürben-

Fitz Rümmelein und ein Kamerad bei einer Pause auf dem Marsch zum Einsatzort. Das Bataillon soll eine Einheit ablösen, die bei Moeuvres westlich von Chambrai im erbitterten Abwehrkampf gegen einen britischen Panzerverband gestanden hat.

den Stunden vor dem Sturmangriff: »Mit viel Vertrauen sehen wir der Sache entgegen. Herr Hauptmann und ich gehen nochmals durch alle Kompanien durch und setzen uns dann in die Sturmausgangsstellung. Minuten werden zu Stunden! Endlich um 9.50 beginnt die Vorbereitung. Dicke Minen rasseln rüber, der Tommy antwortet sofort mit allen Erzeugnissen, er weiß ja, um was es geht. Punkt 11.50 treten unsere braven Kompanien den Sturm an.«

Rechts von Fritz, etwas nördlich von Mœuvres, steht ein anderer junger Leutnant, der angespannt auf den Einsatzbefehl für seine Kompanie wartet. Es heißt Ernst Jünger. Er beobachtet den Beginn des deutschen Angriffs und hält darüber in seinem Kriegstagebuch fest: »Die wuchtigen Feuerstöße der deutschen Artillerie verdichteten sich zwischen 11.45 und 11.50 zum Trommelfeuer. Der Bourlon-Wald, der wegen seiner starken Befestigungen nicht an der Stirnseite angegriffen, sondern ausgespart wurde, verschwand unter gelbgrünen Gaswolken. Um 11.50 sahen wir durch unsere Gläser Schützenlinien aus dem leeren Trichterfeld aufrauchen (...)«

In diesen Schützenlinien sind irgendwo die Männer des III. Bataillons des 87. Reserve-Infanterie-Regiments. Fritz verfolgt

Wahrscheinlich der verwüstete Ort Moeuvres (oben links). Gefallene auf dem Schlachtfeld von Bourlon (oben rechts). Fritz Rümmelein schreibt darüber in sein Tagebuch: »Das Gelände ist besät mit vielen Leichen, wieder auch viele von uns. Doch viele, viele Engländer.«

ihr Vorrücken zusammen mit von Wenckstern vom Bataillonsgefechtsstand aus. Er schreibt, dass auf den feindlichen Stellungen viel Feuer läge, doch auch die »Tommys« aus allen Rohren schössen. Während Artilleriegranaten einschlagen, Maschinengewehre hämmern und Feldgraue mit Handgranaten und Flammenwerfern gegen britische Tanks anrennen, toben am Himmel wieder erbitterte Luftkämpfe. »Ein Tommy stürzt brennend ab, bald darauf ein deutscher Albatros, Führer anscheinend mit Kopfschuss«, mutmaßt Fritz. So geht es den ganzen Tag. Als der Abend heraufzieht, resümiert er in seinem Tagebüchlein, dass es blutig und anstrengend gewesen sei und die Kompanien »arg klein« geworden seien. Mit anderen Worten: Die Verluste sind verheerend.

Ernst Jünger, der immer noch auf seinen Einsatzbefehl wartet, kommt an diesem Abend durch menschenüberfüllte Gräben zu einem Gefechtsstand. Er hält darüber fest: »Ich traf ein und traf einen Haufen von Offizieren und Meldern inmitten einer Luft, aus der man Scheiben schneiden konnte. Dort erfuhr ich, dass der Angriff an dieser Stelle nicht viel erreicht hatte und am nächsten Morgen weiter vorangetrieben werden sollte. Die Stimmung im Raum

Zerstörter britischer Mark IV. Der 28-Tonnen-Koloss ist der erste einsatzfähige Kampfpanzer (oben). Gefallenes Besatzungsmitglied (unten). Der Leutnant Ernst Jünger (links) mit seinem Kameraden Werner Kienitz, dem späteren General der Wehrmacht (rechts)

Brennender britischer Mark IV. Deutsche Infanteristen greifen den Tank mit einem Flammenwerfer an. Für die achtköpfige Besatzung des Royal Tank Corps wird das Ungetüm aus Stahl zur Todesfalle.

hatte wenig Zuversichtliches. Zwei Bataillonskommandeure begannen eine lange Verhandlung mit ihren Adjutanten. Ab und zu streuten Offiziere der Spezialwaffen einige Brocken von der Höhe ihrer Pritschen, die wie Hühnerkörbe bevölkert waren, in die Unterhaltung ein. Der Zigarrenqualm wurde erstickend. Burschen versuchten in dem Gedränge, für ihre Herren Brote zu schneiden, ein hereinstürzender Verwundeter rief durch die Meldung eines feindlichen Handgranatenangriffs Alarm hervor. Schließlich konnte ich meinen Angriffsbefehl niederschreiben. Ich sollte mit der Kompanie um sechs Uhr morgens (...) so weit wie möglich die Siegfriedlinie aufrollen. Die beiden Bataillone des Stellungsregiments würden um sieben Uhr rechts von uns angreifen.«

In den darauffolgenden Tagen werden die Briten – unter großen Menschenopfern – tatsächlich hinter die Siegfriedlinie zurückgedrängt. Die deutsche Verteidigungsfront steht wieder und ist weiter südlich sogar um ein paar Kilometer nach Westen vorgeschoben worden. Am 7. Dezember kommt dann endlich der Befehl, dass Fritz' Einheit in den Ruheraum nach dem Ort Fressies nördlich von Cambrai verlegen soll. Er nimmt zuvor noch das Terrain in Augenschein, wo sie erbittert gekämpft haben. Er schreibt: »Links vom Kanal liegen seine zerschossenen Tanks, genauso wie man sie abgebildet sah.« Darüber hinaus vermerkt er noch in seinem Tagebuch, dass Richthofen hier sei, der »Rote Baron«, des Kaiserreichs erfolgreichster Jagdflieger.

Beim nahegelegenen Schloss von Aubencheul sind kurz darauf die Reste des

Fritz Rümmelein vor einem zerschossenen Mark IV (oben). Panzerwracks auf dem Schlachtfeld vor Bourlon (unten)

Hauptmann von Wenckstern.
Anfang Dezember 1917 gerät der Offizier mit seinem vorgesetzten Regimentskommandeur aneinander (oben).

Zwei Infanteristen des III. Bataillons. Gehstöcke haben sie fast alle; sie dienen den Männern zur Sondierung der Terrains (links).

Linke Seite: Albatros-Jagdflugzeug. Im Hintergrund brennt ein Aufklärungsballon, dessen Fahrer sich mit dem Fallschirm rettet (oben).

Trümmer eines abgeschossenen Flugzeugs. Während der Schlacht westlich von Chambrai toben heftige Luftkämpfe (unten).

III. Bataillons zum großen Regimentsappell angetreten. »Pfarrer Weidt spricht sehr ergreifend und gedenkt besonders der braven Toten. Anschließend ergreift Herr Oberst das Wort, lobt und dankt dem Regiment. Kaiserhymne mit Parademarsch folgen nach der Ordensverteilung.« Fritz geht leer aus. Doch nicht nur das: Es ist zu einer schweren Auseinandersetzung zwischen dem Haudegen von Wenckstern und dem Regimentskommandeur gekommen. Um was es im Einzelnen geht, ist unbekannt. Aber es steht im Zusammenhang mit dem ersten Tag des Kampfes um die Siegfriedlinie bei Mœuvres. Die Folge davon ist: Bataillonskommandeur von Wenckstern meldet sich krank. Fritz, dem nun droht, dass er seinen privilegierten Adjutanten-Posten verliert, schreibt: »Für mich ist's furchtbar! Nach einer so langen und innigen Zusammenarbeit ein so jähes Ende!« Als sich beide Männer voneinander verabschieden, stehen ihnen die Tränen in den Augen.

Rechte Seite, im Uhrzeigersinn. Der verschneite, völlig zerstörte Ort Graincourt-lès-Havrincourt südlich von Bourlon

Graincourt-lès-Havrincourt im Dezember 1917. Menschen leben hier nicht mehr. Sie sind vor den Kämpfen geflohen.

Gefallener Soldat im Schnee. Auf dem Schlachtfeld bleiben die Toten tage-, ja wochenlang liegen, ehe sie geborgen werden.

Soldatengräber in der Winterlandschaft. Später werden sie exhumiert und auf Kameradenfriedhöfen begraben.

Mitte Dezember 1917 bezieht das Bataillon, über das nun ein Oberleutnant Schwöbel das Kommando übernommen hat, wieder die Stellung an der neuen Hauptkampflinie. Auf dem Weg dorthin kommt Fritz noch einmal in Bourlon, »dem großen Schlachtort« vorbei. »Das Gelände ist besät mit Leichen, wieder auch viele von uns. Doch viele, viele Engländer. Ich mache mehrere Aufnahmen, besonders von den Tanks, von denen bei Bourlon 7 Stück auf einem Fleck liegen. Sie sehen ganz gefährlich aus, die stählernen Ungeheuer.« In Graincourt-lès-Havrincourt fotografiert Fritz an diesem 14. Dezember den »bös zerdepperten«, menschenleeren Ort.

Heiligabend verbringt Fritz vorne in der Stellung. Die Tätigkeit der Artillerie hält sich tagsüber in Grenzen. Gegen Abend kommt der Stab im Unterstand zusammen. Fritz notiert darüber: »Wir stecken unser bescheidenes Bäumchen an & singen stille Nacht, heilige Nacht. In Gedanken sind wir daheim«, wo sie jedes Jahr durch die verschneiten Wege hinauf zur Kirche gehen. »Habe Gott, daß 18 in Frieden daheim gefeiert werden kann.« Im Osten ist das Sterben durch den Waffenstillstand mit dem revolutionären Russland ja schon beendet. Als englische Gasgranaten einschlagen und Erblindete durch die Gräben taumeln, hat sie der Krieg wieder voll im Griff.

Der 24. Dezember 1917 ist für Fritz auch noch aus einem anderen Grund ein schlechter Tag. Denn er hat erfahren, dass er fortan nicht mehr der Adjutant des Bataillonskommandeurs sein wird, sondern die 9. Kompanie übernehmen soll. Seine Befürchtungen

Hauptmann von Wencksterns Abschied. Der Bataillonskommandeur meldet sich krank und verlässt das Bataillon (oben links).

Mit Wencksterns Nachfolger Weihnachten 1917 im Unterstand an der »Siegfriedlinie«. In Gedanken sind sie daheim (oben rechts).

Soldaten des III. Bataillons des 87. Reserve-Infanterie-Regiments. Der Krieg nimmt keine Rücksicht auf das Wetter (rechts).

Rechte Seite: Ertüchtigung der Truppe. Im Ruhequartier gehört die körperliche Aktivität zum Tagesablauf (links).

Mit Spielen soll vergessen gemacht werden, dass es nicht mehr lange ist bis zum nächsten Kampfeinsatz (rechts).

haben sich also bewahrheitet. »Das hätt' ich mir doch nicht träumen lassen. Am Heiligen Abend seines Amtes enthoben, das man über 1 1/2 Jahre innehatte.« Und auch die kommenden Tage bringen nichts Gutes: Am 28. Dezember inspiziert Fritz mit Oberleutnant Schwöbel die Stellungen. Von einem vorgeschobenen Posten aus beobachten sie den Feind. »Plötzlich ein Krach. Schwöbel bricht zusammen. Über meinen Kopf hinweg bekam er einen Schuss durchs Gesicht. Ich hatte Glück, der treue Herrgott hat mich beschützt. Hätt' ich nicht im selben Augenblick auf die Karte gesehen, ich wäre tot. Ich verbinde Schwöbel gleich & bring ihn zum Sanitätsunterstand! Die Verletzung ist ziemlich übel«, notiert er.

Fritz Rümmelein muss nunmehr den Bataillonsstab verlassen. Die Kameraden sollen betroffen gewesen sein, manch einem standen sogar die Tränen in den Augen, als sich der Leutnant, der sich inzwischen sorgen muss, in die »Angelegenheit Wenckstern« hineingezogen zu werden, nach Abancourt abmeldet, wo er sich ein paar Tage erholen soll, eher er seinen neuen Posten als Kompaniechef antreten wird. Auf dem Weg dorthin kommt er noch einmal über das Schlachtfeld von Bourlon. Inzwischen bergen sie die Gefallenen. Sie seien alle steif gefroren und verschneit, hält Fritz fest. In Abancourt begeht er den Silvesterabend des Jahres 1917. Die Stimmung ist angesichts der Überlegenheit der Alliierten gedämpft.

Rast vor dem Einsatz. Auch in Fritz Rümmeleins Bataillon kämpfen sie jetzt in kleineren Einheiten, den Sturmtrupps.

Aber vielleicht bringen ja die Verhandlungen mit den Bolschewisten einen Separatfrieden im Osten, und ermöglichen es, die dort eingesetzte deutsche Armee im Westen einzusetzen. Alles ist aber eine Frage der Zeit und die drängt, denn auch im Reich gärt es. Der Hunger in der Bevölkerung befeuert die soziale Bewegung, die im Verlauf des zurückliegenden Jahres zu Massenstreiks aufgerufen hat. Weiterhin unverbrüchlich an den Sieg der deutschen Waffen zu glauben, fällt unter diesen Voraussetzungen schwer. Nach Gottesdienst und Konzert des Regimentsorchesters wird im Offizierskasino von Abancourt umso mehr gezecht.

Als Kompaniechef steht Fritz dann bald wieder in den Stellungen der Siegfriedlinie. Entschlossen führt er seine schlecht für den Winter ausgerüsteten und auch ansonsten nur notdürftig versorgten Männer durch die Januar-Kämpfe gegen die Briten. Die Verluste sind hoch. Doch Fritz ist das Glück nach wie vor holt. Er ist einigermaßen gesund und auch die Casa Wenckstern nimmt eine unerwartete Wendung: In einem Ehrengerichtsverfahren wird Hauptmann von Wenckstern rehabilitiert. Er übernimmt wieder die Führung des III. Bataillons des 87. Reserve-Infanterie-Regiments. Zu seinen ersten Aktivitäten gehört es, Leutnant Fritz Rümmelein wieder zu seinem Adjutanten zu machen.

Das eingespielte Team bereitet das Bataillon im Februar und in den ersten Märzwochen des Jahres 1918 auf eine neue Offensive vor, denn die Division, der sie angehören, soll bei der Großen Schlacht um Frankreich mit dabei sein. Nach dem Sieg-Frieden von Brest-Litowsk will die dritte Oberste Heeresleitung nun mit den im Osten frei gewordenen Kräften die Entscheidung im Westen und damit die Voraussetzungen für einen akzeptablen Frieden erzwingen. Der Plan der »Operation Michael« sieht vor, mit der 17., der 2. und der 18. Armee auf einer Breite von 75 Kilometern zwischen Cambrai im Norden und La Fère im Süden anzugreifen, um über Amiens zum Meer vorzustoßen und damit eine Bresche zwischen Franzosen und Briten zu schlagen und letztere nach Norden abzudrängen. 72 deutsche Divisionen, darunter auch die 21. Reserve-

Deutsche Infanteristen beim Sturmangriff. Mehr als 42 Divisionen treten am 21. März 1918 zwischen Bapaume und St. Simon zum Großangriff an. Die Operation »Michael«, wie das Unternehmen heißt, soll die Entscheidung des Kriegs herbeiführen.

Infanterie-Division – zusammen sind es fast eine Million Soldaten – stehen für die Entscheidungsschlacht bereit. Fritz legt all seine Hoffnungen in das Unternehmen.

Am 21. März 1918 beginnt die deutsche Großoffensive nach einer Artillerievorbereitung aus tausenden Geschützen. Fritz Rümmeleins 21. Reserve-Infanterie-Division steht am Mittelabschnitt der Front und gehört zur 2. Armee, die zwischen Bapaume und St. Simon angreift. Es gelingt rasch, die Briten zurückzuwerfen, nicht zuletzt auch deshalb, weil die Deutschen ihre Taktik verändert haben. Auch in Fritz' Bataillon erproben sie sich in der beweglicheren Kampfführung mit kleineren Gruppen, den Sturmtruppen. Am vierten Tag der Schlacht – beim Kampf um das Weiße Haus von Rocquigny, ein paar Kilometer südöstlich von Bapaume – wird der Mann, der das Bataillon dirigiert, durch einen Granatsplitter am Unterschenkel schwer verwundet. Noch ehe die Sanitäter von Wenckstern zu einem Verbandsplatz schaffen, trifft er eine kühne Entscheidung: Er übergibt das Bataillon nicht einem erfahrenen Kompanieführer, sondern seinem Adjutanten. Um Einwände beiseite zu wischen, fügt von Wenckstern

seinem Befehl hinzu, dass die Gefechtslage es erfordere, die Führung in den Händen Leutnant Rümmeleins zu lassen, bis der Sturm auf das Weiße Haus zu Ende gebracht ist – eine wahrlich kühne Entscheidung, denn der ist gerade einmal 22 Jahre alt.

Doch Fritz enttäuscht den Bataillonskommandeur nicht. Entschlossen kommandiert der Leutnant die vorrückende Truppe. Als die Engländer einen Gegenangriff unternehmen, wirft er sich mit seinen Männern diesen entgegen. Mehrere englische Tanks werden in Brand geschossen. Am Ende gelingt es ihnen dank seiner beherzten Führung, den feindlichen Gegenangriff bei Rocquigny abzuweisen. Die Verluste auf beiden Seiten sind hoch. Auch Fritz ist verwundet worden. Eine Gewehrkugel hat ihn am Oberschenkel getroffen und ihn niedergestreckt. Kameraden haben ihn aus dem gegnerischen Schussfeld gezerrt. Fotografien, die offenbar kurz darauf mit seinem Fotoapparat gemacht worden sind, zeigen ihn mit Zigarette im Mundwinkel in der Obhut von Sanitätern.

Bis Fritz Rümmelein zu einem Verbandsplatz zurückgebracht worden ist und dort versorgt wird, ist es Abend geworden an diesem 24. März 1918. Bapaume ist inzwischen in deutscher Hand und auch südöstlich davon, bei Rocquigny, sind die Feldgrauen weiter vorgerückt. Die Divisionen der 2. Armee stehen jetzt auf einer Linie Bapaume – Sailly-Saillisel – Nesle – Chauny. Sie haben

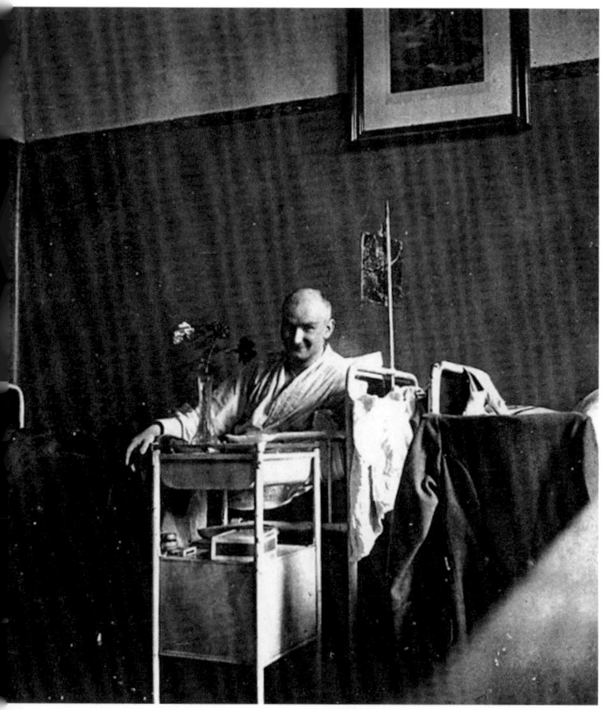

die Somme überschritten und kämpfen in der Kraterlandschaft der dortigen Schlacht von 1916. Fritz wird derweil mit einem Verwundeten-Zug ins Reich transportiert. Er kommt schließlich in ein Reserve-Lazarett nach Bad Nauheim. Dort stellt sich heraus, dass der Oberschenkelknochen in Mitleidenschaft gezogen worden ist. Es wird also wochenlang dauern, ehe er wieder einsatzfähig sein wird.

Schlimmer noch für ihn sind die Nachrichten von der »Operation Michael«, die ihn erreichen. Nachdem die drei deutschen Armeen 65 Kilometer tief in die Front des Feindes eingebrochen sind, ist die Offensive bereits am 5. April 1918 von der dritten OHL abgebrochen worden. Der

Von links nach rechts: Der beim Kampf um das »Weiße Haus« von Rocquigny verwundete Fritz Rümmelein. Sanitäter schleppen den Leutnant in einer Zeltbahn vom Schlachtfeld zum Hauptverbandsplatz.

Fritz Rümmeleins Zimmernachbar in einem Reserve-Lazarett in Bad Nauheim. Es ist ein Luftbeobachter, der bei einem Absturz schwer verwundet worden ist und Bluttransfusionen braucht.

Der auch Fritz Rümmelein behandelnde Arzt mit dem Zimmernachbarn. Der hofft, den Zwieseler nach dessen Entlassung wiederzusehen. Ob sie sich noch einmal getroffen haben, ist nicht bekannt.

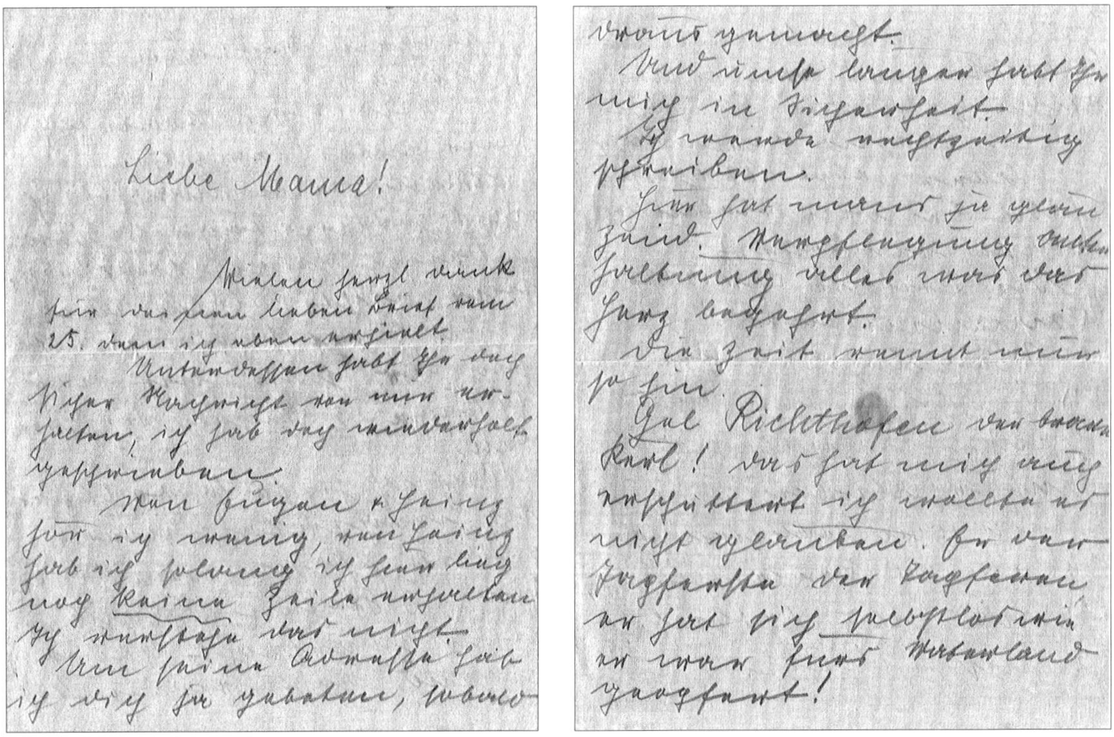

Brief Fritz Rümmeleins aus dem Lazarett an seine Mutter vom 26. April 1918. Darin schreibt der von der Fliegerei Begeisterte, dass er erschüttert vom Tod Richthofens sei. Der Leutnant hat den »Tapfersten der Tapfersten« bewundert.

Feind ist zu Gegenangriffen angetreten und hat dem Vormarsch ein Ende bereitet. Entsprechend ist die Enttäuschung bei Fritz riesengroß, denn auch er hat seine Hoffnungen an die Offensive geknüpft. Im Ergebnis hat die deutsche Großoffensive die Situation an der Westfront aber nur verschlechtert. Denn die Verluste sind katastrophal. Mehr als 35 000 Tote, fast 23 000 Vermisste und 181 000 Verwundete sind auf der deutschen Seite zu beklagen. Auf der Seite der Entente sind es zwar etwa genauso viele, doch deren Ressourcen an Menschen und Material sind um ein Vielfaches höher.

Im Lazarett erreichen Fritz Rümmelein noch weitere schlechte Nachrichten. Er erfährt, dass Richthofen am 21. April 1918 bei einem Luftkampf nahe der Somme sein Leben verloren hat. Der Baron, der 80 feindliche Maschinen abgeschossen hat, ist im Reich so etwas wie ein Nationalheld. Entsprechend sind die Deutschen und vor allem auch der von der Fliegertruppe faszinierte Fritz, der den roten Dreidecker Richthofens mehrmals am Himmel über der Westfront

Gruppenbild mit Fritz Rümmelein (5. von rechts, vorne). Das Foto stammt wahrscheinlich aus der Zeit unmittelbar nach seiner Entlassung aus dem Ersatz-Lazarett. Was der Anlass der Zusammenkunft gewesen ist, kann nicht geklärt werden.

gesehen hat, betroffen von dessen Tod. Der ist auch Thema der Gespräche, die er mit seinem Zimmernachbarn, einem verwundeten Flugbeobachter, führt. Seiner »lieben Mama« schreibt er am 26. April nach Zwiesel: »Von Richthofen der beste Kerl! Das hat mich arg erschüttert. Ich wollte es nicht glauben. Er, der tapferste der Tapfersten. Er hat sich (...) fürs Vaterland geopfert.« Achtung zollt auch der Feind dem Dahingegangenen, begraben ihn doch australische Fliegeroffiziere in Bertangles mit allen militärischen Ehren, wie man später erfahren wird.

Ende April ist Fritz Rümmelein auf dem Wege der Besserung. Sein Bein mache sich mit jedem Tag besser. Beim Gehen brauche er keine Hilfe mehr. Er hoffe, dass er bis Pfingsten aus dem Lazarett entlassen sei und nach Zwiesel kommen könne. Drei Wochen Urlaub seien ihm zugesagt worden, schreibt er noch. Bevor es soweit ist, erreicht Fritz doch noch eine gute Nachricht: Er hat für seine Verdienste beim Kampf um das Weiße Haus von Rocquigny den Hausorden von Hohenzollern erhalten – oder wie es offiziell heißt: das Kreuz der Ritter des

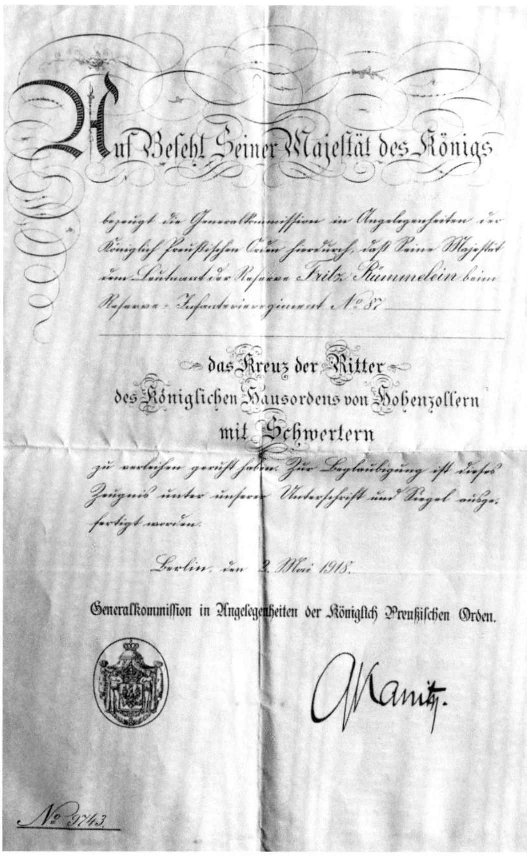

Auf Befehl Seiner Majestät des Königs

bezeugt die Generalkommission in Angelegenheiten der Königlich Preußischen Orden hierdurch, daß Seine Majestät dem Leutnant der Reserve Fritz Rümmelein beim Reserve-Infanterieregiment No 87

das Kreuz der Ritter des Königlichen Hausordens von Hohenzollern mit Schwertern

zu verleihen geruht haben. Zur Beglaubigung ist dieses Zeugnis unter unserer Unterschrift und Siegel ausgefertigt worden.

Berlin, den 3. Mai 1918.

Generalkommission in Angelegenheiten der Königlich Preußischen Orden.

No 9743

Verleihungsurkunde des Kreuzes der Ritter des Königlichen Hausordens von Hohenzollern mit Schwertern

königlichen Hausordens von Hohenzollern mit Schwertern. Die Urkunde mit der Nummer 9743 trägt das Datum vom 3. Mai 1918. Er ist stolz. Und auch in Zwiesel sind sie für einen Moment aus dem Häuschen, ehe sie die Schwere der Zeit wieder einholt.

Nicht nur, dass die Mittelmächte gegen »eine Welt von Feinden« stehen, sondern auch innerhalb der von Deutschland angeführten Koalition steht es nicht gut. Eine diplomatische Affäre, über die sie jetzt überall in den Zeitungen lesen, verdeutlicht das und sorgt für Empörung: Kaiser Karl I., der seit dem Tod Franz-Josephs die Geschicke der österreichisch-ungarischen Doppelmonarchie lenkt, hat im Vorjahr Friedensfühler nach Paris ausgestreckt, ohne den deutschen Verbündeten ins Bild zu setzen. Die Wiener Initiative ist seinerseits gescheitert. Jetzt, ein Jahr darauf, desavouiert Paris den jungen Kaiser, indem es geheime Dokumente darüber veröffentlicht. Der Vorgang belastet – so wie es beabsichtigt gewesen ist – das Verhältnis zwischen dem Deutschen Reich und der schwächelnden Donaumonarchie schwer.

Hinzu kommt, dass den Menschen in den Ländern der Mittelmächte immer größere Opfer für den Krieg abverlangt werden. Besonders in Deutschland wird im Zuge des Hindenburg-Programms alles aus dem Land herausgeholt, um die Rüstungsproduktion zu erhöhen – koste es, was es wolle. Dazu gehört die Mobilisierung der Bevölkerung und die Requirierung aller verfügbaren Materialien. In Zwiesel haben sie sogar die Orgelpfeifen demontiert, um aus diesen Zünderringe für Artilleriegranaten anzufertigen, und die Vorbereitungen zum Abbau der Kirchenglocken sind bereits getroffen.

Das Schlimmste ist aber die dramatische Versorgungslage der Menschen. Nach dem Hungerwinter 1916/17, dem »Steckrübenwinter«, in dem Hunderttausende – besonders in den Großstädten – an Unterernährung und deren Folgen gestorben sind, hat der Hunger auch die Landbevölkerung erreicht. In Zwiesel kochen sie Sirup aus Rüben und brühen Kaffee aus Bucheckern und Eicheln. Bei der Ausgabe der rationierten

Kartoffeln kommt es zu Tumulten. Mutter Karolina, die sie »Lina« nennen, schreibt in diesen Tagen an ihren »liebsten Fritz«: »Die Nahrungsmittelverhältnisse sind ja recht traurige u. das entmutigt neben anderen Sorgen das Volk. Ich für mich selber bin u. war ja nie unzufrieden, ich kann mich u. alles finden u. fügen. Ansprüche kenn ich nicht. Nur leide ich unter dem Bewußtsein fürchterlich, daß der schreckliche unselige Krieg kein Ende nimmt, daß die armen Menschen draußen so lange leiden u. gepeinigt werden u. warum? für was?«

Das fragen sich auch immer mehr derjenigen, die im Westen einer weit überlegenen Streitmacht gegenüberstehen. Doch sie kämpfen weiter, weil sie keine Alternative dazu haben, denn die militärische Führung treibt sie fortlaufend zu Höchstleistungen an. Tatsächlich drängen sie den Feind noch einmal zurück. So ist es oben bei Ypern, wo sie schon Ende April den seit Kriegsbeginn hart umkämpften Kemmelberg genommen haben. Und so ist es auch seit Ende Mai am Frontabschnitt zwischen Soissons und Reims: Sie erobern den Chemin des Dames zurück und sie überschreiten sogar die Marne. Nie sind in diesem Krieg deutsche Truppen der französischen Hauptstadt so nahegekommen wie jetzt. Die Regierung verlässt wieder einmal Paris. Und in der Champagne, wo Fritz Rümmelein so lange mit seinem Regiment gelegen hat, zwingen sie den überlegenen Feind noch einmal zum Weichen. Seit dem Herbst 1914 ist die deutsche Kriegführung im Westen scheinbar nicht mehr so erfolgreich gewesen. Doch der Vormarsch läuft sich schließlich überall fest. Die ungeheuren Verluste haben die ohnehin er-

Fritz Rümmeleins Ritterkreuz. Es lässt sich zwischen Pour-le-Mérite und Eisernem Kreuz 1. Klasse ansiedeln.

schöpfte Truppe vollends ausgezehrt. Und ausreichender Nachschub ist ausgeblieben, denn es fehlt inzwischen an allem – auch am Friedenswillen der Entente, die ihren Sieg nun nicht mehr in allzu weiter Ferne wähnt.

Seit Anfang Juni ist der wieder hergestellte Fritz dann tatsächlich auf Genesungsurlaub in Zwiesel. Nach Niederbayern gekommen ist auch die Hanauerin. Die schönen Frühsommertage vergehen wie im Flug. Die beiden versuchen, den Krieg auszublenden, doch die Gedanken an diesen holen sie immer wieder ein. Allzu gut weiß Fritz, dass es an den Fronten noch schwerer werden wird, als es ohnehin schon gewesen ist. Ehe er wieder in seine Welt von Tod und Vernichtung hinauszieht, spricht er noch lange mit dem protestantischen Geistlichen im

Ein galanter hochdekorierter Leutnant auf Heimaturlaub in Zwiesel im Sommer 1918. Er küsst die Hand seiner Freundin, bei der es sich aller Wahrscheinlichkeit nach um die Hanauerin handelt. Die Frau rechts ist seine Cousine Luise.

Ort. Als er sich von dem Wanderprediger A. Rabus verabschiedet, meint er noch: »Wenn ich falle, sagen Sie meinen Eltern, dass ich ja nicht ihr einziger Sohn bin.« Er meint damit seine Brüder, August, der noch zu jung für den Kriegsdienst ist, Heinz, der die feldgraue Uniform bereits trägt, und Eugen. Mit letzterem, der Vizefeldwebel und Offiziersaspirant im 6. Bayerischen Reserve-Infanterie-Regiment ist, unterhält Fritz über die Feldpost einen regen Kontakt, auch wenn sie zumeist nur kurze Nachrichten austauschen, dass sie wohlauf sind. Am 28. Juni 1918 schreibt Eugen an seinen »lieben Bruder Fritz«, dass Heinz »vor Verdun liegt«, wo in diesem Sommer wieder heftig gekämpft wird. Auch Eugen plagt die Sorge um die Zukunft, wenn er nach ein paar Informationen über seine persönliche Situation mit dem inständigen Wunsch endet: »Gott gebe es«, dass »wir alle drei« gesund heimkehren.

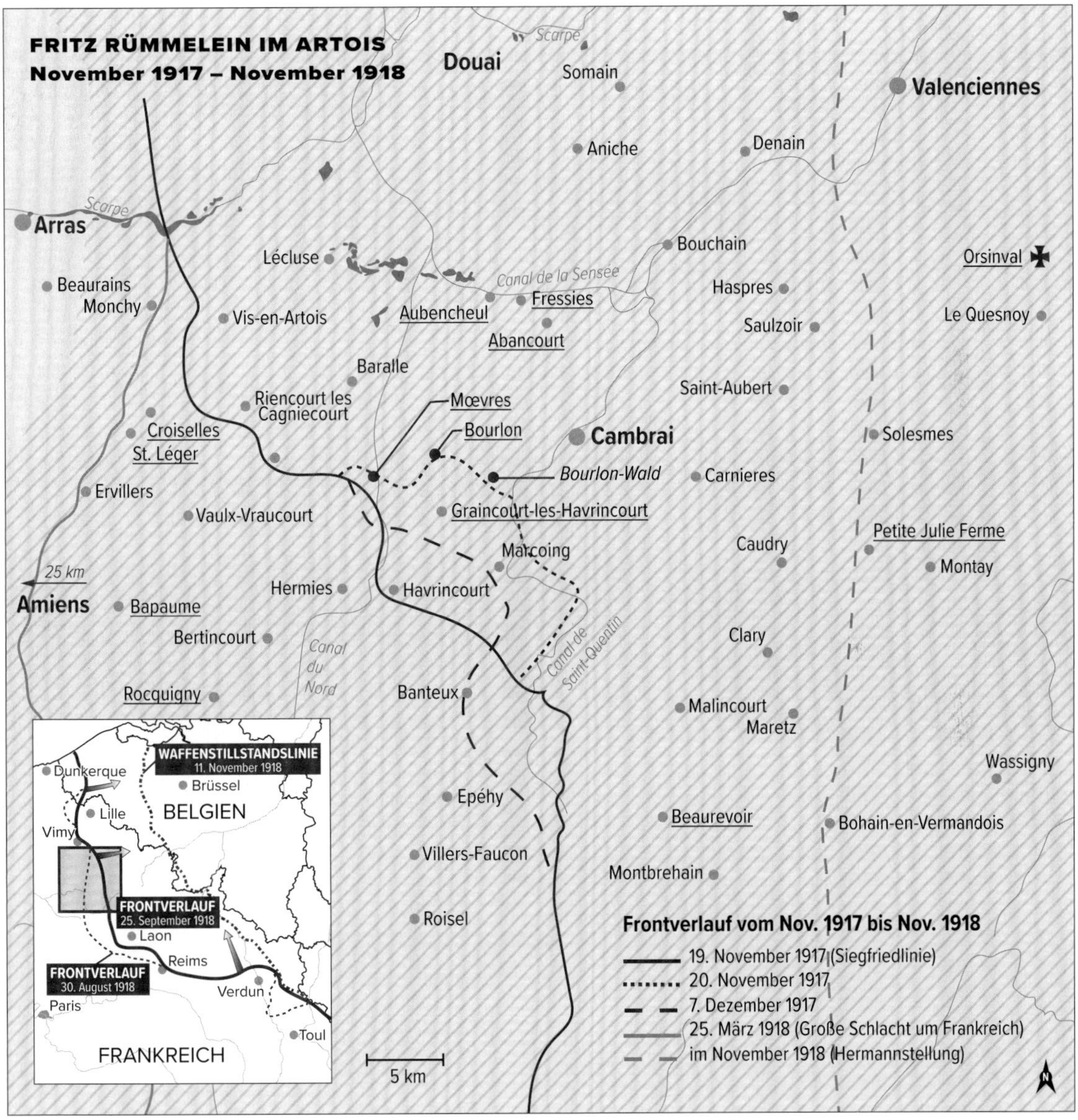

Skizze mit dem Kampfgebiet um Cambrai. Die Unterstreichungen unter den Namen der Dörfer markieren sie als Schauplätze, an denen Fritz Rümmelein zwischen November 1917 und November 1918 gekämpft hat. Das Eiserne Kreuz bei Orsinval (ganz oben rechts) kennzeichnet den Ort, an dem er gefallen ist.

Fritz Rümmelein im Sommer 1918. Stolz trägt er das Kreuz der Ritter des königlichen Hausordens von Hohenzollern mit Schwertern.

Juni – November 1918

Rückzug und Tod bei Orsinval

Ende Juni 1918 ist Fritz Rümmelein wieder auf dem Weg zur Truppe. Sein dezimiertes Regiment liegt im Rückraum der Front irgendwo südwestwärts von Cambrai, wo es notdürftig aufgefrischt wird. Die Stimmung bei den Männern ist schlecht, denn die Überlegenheit der Alliierten ist erdrückend. Besonders die Tanks, von denen inzwischen viele Hunderte im Einsatz sind, desillusionieren die ausgemergelten, unterernährten deutschen Soldaten. Fritz Rümmelein, der aufgehört hat, Tagebuch zu schreiben, versucht mit von Wenckstern, deren Moral zu heben. Sie versuchen den Kämpfern klar zu machen, wie wichtig es ist, dem Feind standzuhalten. Doch dies ist ein schwieriges Unterfangen, denn die Lage an der Westfront, an der nun immer mehr amerikanische Truppen und Material eintreffen, wendet sich seit Mitte Juli endgültig zuungunsten des Reichs.

Überall, wo die deutschen Offensive Terrain gutgemacht haben, hat der Feind die Initiative übernommen. Durch den konzentrierten Einsatz von Tanks verdrängen Franzosen und Amerikaner die Deutschen von der Marne. Doch im beweglichen Abwehrkampf ziehen sich diese geschickt zurück und verhindern den Durchbruch der Alliierten und damit die Katastrophe. Die bricht bald darauf bei Amiens über die Truppen der dritten Obersten Heeresleitung herein. Am 8. August 1918 haben dort Engländer und Franzosen mit 35 Divisionen und mehr als 400 Panzern die deutschen Stellungen durchbrochen und einen 18 Kilometer tiefen Keil in die Westfront getrieben. Die überraschten Deutschen befinden sich in Auflösung. Alleine am ersten Tag verlieren sie 30 000 Mann und eine Unmenge an Kriegsgerät. In Stegemanns Geschichte des Ersten Weltkriegs heißt es dazu: »Am 8. August war nicht nur ein Frontstück eingestürzt, sondern auch das Siegel unter die Erkenntnis gedrückt worden, (...) dass die kriegerische Kraft der Deutschen den mechanisierten Angriffsmitteln des Feindes zu erliegen begann.«

Während Hindenburg und Ludendorff zu der späten Erkenntnis gelangen, dass der Krieg nun doch nicht mehr zu gewinnen sei und deshalb von der Politik beendet werden müsse, greifen die Alliierten von Flandern bis hinunter nach Lothringen an. Das 87. Reserve-Infanterie-Regiment ist zunächst zwischen Arras und Albert, dann bei Monchy und Bapaume eingesetzt, wo seit Ende August überlegene Verbände aus Großbritannien und seinem Commonwealth gegen die deutschen Linien anrennen. In der zweiten Schlacht um Bapaume, die am 21. August beginnt, verteidigt das III. Bataillon in nahezu aussichtsloser Lage heldenhaft die Stellung. Es ist wieder einmal ein Kampf auf

Leben und Tod. Fritz überlebt und auch sein Bataillonskommandeur von Wenckstern.

Dem wird dafür der Pour le Mérite zuerkannt. Der Divisionskommandeur hat ihn dafür vorgeschlagen. In der Begründung heißt es: »Hauptmann von Wenckstern zeichnete sich am Abend des 23. August bei der Abwehr eines starken Infanterie- und Tanksangriffs gegen die Linien seines Bataillons bei Croisilles und St. Léger besonders aus.« Sein Adjutant, der einen Anteil am Abwehrerfolg gehabt hat, freut sich mit ihm, auch wenn die Stellung zwischen Arras und Bapaume trotzdem nicht gehalten werden kann und sich das Bataillon absetzen muss. Zug um Zug weichen die deutschen Verbände bis Ende des Monats auf die Siegfriedstellung zwischen Cambrai und St. Quentin zurück und geben damit das in der Großen Schlacht um Frankreich unter schwersten Verlusten gewonnene Terrain wieder preis. Doch dabei bleibt es nicht. Ende September werden die Feldgrauen durch überlegene britische Kräfte weiter zurückgedrängt.

Die Entwicklung der Kriegslage stürzt die Mittelmächte vollends in die Krise. Der Vielvölkerstaat Kaiser Karls beginnt sich aufzulösen, auch wenn es seinen Truppen am Isonzo mit Hilfe des Deutschen Alpenkorps unter einem Hauptmann Rommel noch gelingen wird, die Italiener bis zur Piave zurückzudrängen. Das Osmanische Reich steht kurz vor dem Zusammenbruch. Und das von sozialen Unruhen heimge-

suchte Deutsche Reich erschüttert eine Regierungskrise. Kanzler Hertling tritt zurück und die neue deutsche Regierung unter Prinz Max von Baden bittet in der Nacht zum 4. Oktober den Präsidenten der Vereinigten Staaten von Amerika, »... die Herstellung des Friedens in die Hand zu nehmen. Um weiteres Blutvergießen zu vermeiden, ersucht die deutsche Regierung, den sofortigen Abschluss eines allgemeinen Waffenstillstandes zu Lande, zu Wasser und in der Luft herbeizuführen«. Auf Wilson ruhen die deutschen Hoffnungen, denn der hat in seinen 14-Punkte-Programm die Prinzipien einer für Berlin akzeptablen künftigen Friedensordnung umrissen.

Von links: Wegweiser westlich von Bapaume. Die darauf genannten Ortschaften liegen noch weiter westlich und sind bereits in den Händen der Empire-Truppen.

Kirchenruine in der Gegend von Bapaume. Die Zahl der Gotteshäuser, die während der Kämpfe in Nordost-Frankreich zerstört worden sind, übersteigt die Tausend.

Verwüsteter Weiler. Die Landschaft an der Somme, über die mehrfach die Kriegsmaschinerie mit ihrer ganzen Wucht hinwegrollte, bietet ein besonders trostloses Bild.

Zwei deutsche Infanteristen auf einsamen Posten. Offenbar haben sie die Aufgabe, den erwarteten Truppen den Weg zu ihrem Bestimmungsort zu weisen.

Männer aus dem III. Bataillon des 87. Reserve-Infanterie-Regiments. Wie viele von ihnen sind wohl gesund in ihre Heimat zurückgekehrt?

Zu dieser Zeit stehen die 87er und damit Fritz Rümmelein in erbitterten Absetzkämpfen ein paar Kilometer südöstlich von Cambrai. Dabei tut sich der Leutnant durch einen rücksichtslosen Einsatz hervor. In einem erhalten gebliebenen Auszug aus dem Kriegstagebuch des Regiments heißt es über ihn: »Tapferkeit und ungewöhnliche Standhaftigkeit« habe Rümmelein bei den Rückzugskämpfen im Oktober 1918 gezeigt. »Am 3. Oktober hielt er bei Beaurevoir den Gegner mit einem MG bis zum letzten Augenblick in Schach und entzog sich dann der Gefangennahme, als der Gegner bereits auf 20 Meter in der Flanke herangekommen war.«

Am 7. Oktober wird das III. Bataillon, oder besser gesagt, was davon noch übrig ist, aus der vordersten Linie herausgezogen und ein paar Kilometer weiter hinten bei der Petite Julie Ferme – einem Gehöft – als Reserve eingesetzt. Es sind noch ganze vier Maschinengewehre und etwa 60 Mann. Sie munitionieren auf und bereiten alles vor, was zur Abwehr eines Feindangriffs geschehen muss. Doch die Briten sind schnell nachgestoßen und überraschen die Männer in der Nacht zum 8. Oktober. Was sich nun ereignet, schildert Fritz ein paar Tage später in einem langen Brief an die Eltern. Rücksichten auf deren Sorgen und Ängste nimmt er inzwischen keine mehr, wenn er berichtet, wie sie von den feindlichen Tanks überrollt worden und dann in die Flanke des Feindes vorgestoßen seien. Fritz weiter: »Als seine Infanteristen unsere Bajonette sehen, da wurde ihnen doch anders. Sie reißen teil-

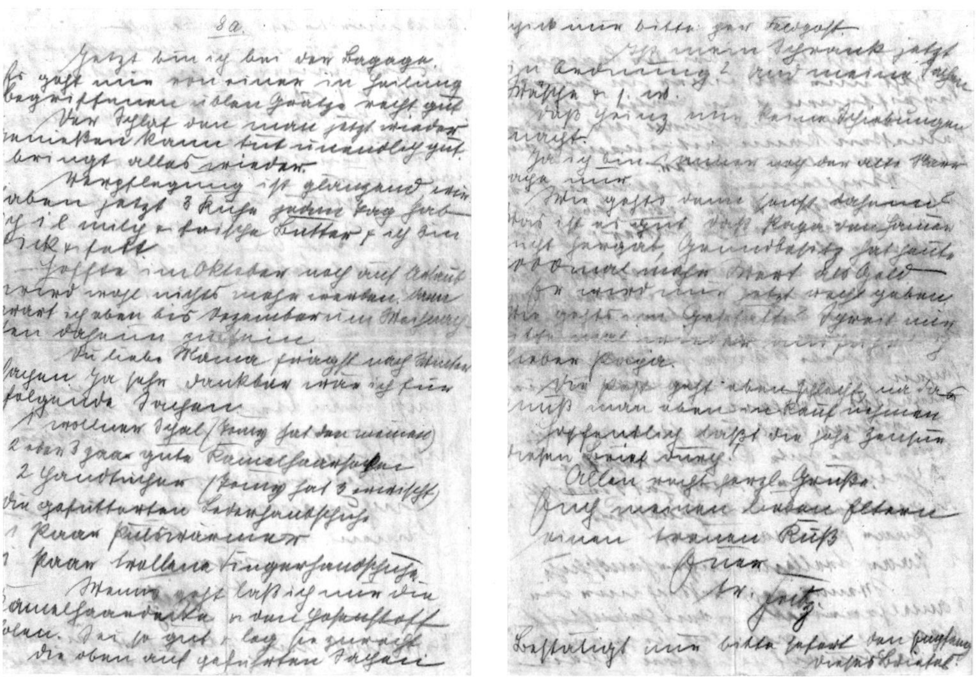

Ende des Briefes von Fritz Rümmelein vom 12. Oktober 1918 an seine Eltern in Zwiesel. Er fordert darin den bedingungslosen Einsatz der Kämpfer an der Front.

weise vor uns kleiner Schar aus. Einzelne Maschinengewehre bringen jedoch unseren Angriff bald zum Stehen. Es gibt Verluste. Doch bald sind die englischen Tanks wieder da. Vor denen heißt's natürlich weichen. Wir biegen wieder nach der Seite aus. Die Schar ist unterdessen schon arg klein geworden. Nachfolgende Infanterie schießen wir zusammen. (…) Wir Leutchen stehen wie eine Insel im Meer.«

Da die Gefahr der Umfassung des Frontabschnitts immer größer wird, übernimmt Fritz am 9. Oktober – Cambrai ist inzwischen in der Hand der Briten – eine Kampfgruppe, die aus den Resten seines inzwischen fast aufgeriebenen Bataillons zusammengestellt wird. Sie besteht aus zwei Offizieren, fünf Unteroffizieren und 18 Mann. Mit ihr wirft sich Fritz abermals der Übermacht entgegen. Denen in der Heimat berichtet er darüber: »Ich kämpfe mit meinen Leute[n] sehr exponiert und hab mich bereits mit meinem Schicksal abgefunden. Heute heißt's sich eben opfern. Schwer der Gedanke, aber im Gedanken ans Große, um das es geht, finde ich mich bald mit ab. (…) Wir kriegen starkes Artillerie-Feuer und Maschinengewehr-Feuer, Flieger bearbeiten uns mit Bomben, sie wollen uns mit Gewalt zur Übergabe zwingen. Unter meiner Führung gibt's das aber nicht. Und meine Leute vertrauen mir.«

Das Häuflein gibt alles. Mehrfach greift der Tod in seine Reihen, wenn etwa Leutnant Kohl einen Kopfschuss erhält oder andere von Tanks überrollt werden. Doch Fritz entkommt immer wieder um Haaresbreite,

Dichtigkeitsprüfung der Gasmasken. Sie müssen sitzen, wenn sie vor Giftgas, dass auf beiden Seiten immer wieder zum Einsatz gelangt, schützen sollen (links).

Brief an den Hanauer Freund Alfred Kießling vom 1. November 1918. Fritz Rümmelein berichtet diesem, dass ihm der Pour le Mérite verliehen worden sei (unten).

Rechte Seite: Ein britischer Mark IV Tank und ein tieffliegender Doppeldecker. Immer häufiger greifen die Maschinen in das Kampfgeschehen auf dem Boden ein.

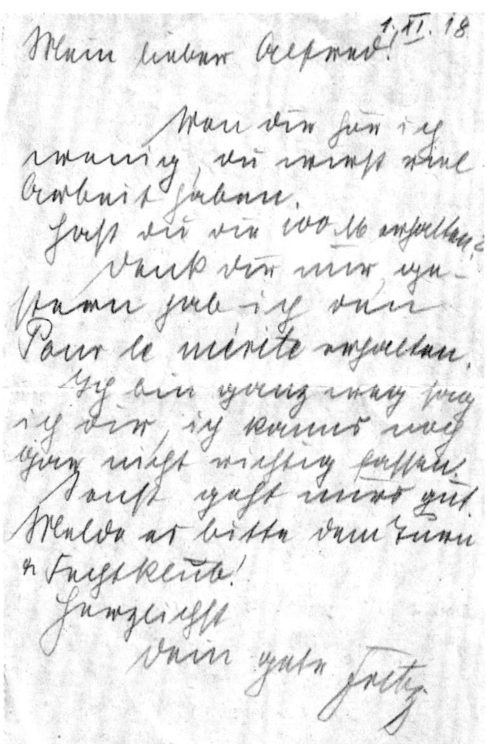

und er schafft es durch seinen kaltblütigen Einsatz, die im Weichen befindlichen Soldaten zum Halten zu bringen und eine neue Widerstandslinie zu organisieren, unter deren Schutz schließlich anderen Einheiten ein geordneter Rückzug auf die ausgebaute »Hermannstellung« möglich wird. Als sich Fritz mit einem Offizier, zwei Unteroffizieren und neun Mann – die anderen sind tot – beim Brigadekommandeur von dem Himmelfahrtskommando zurückmeldet, erfährt er große Anerkennung.

In dem Brief an seine Eltern, in dem er die dramatischen Ereignisse jener Oktobertage des Jahres 1918 schildert, schreibt Fritz noch von der »wahnsinnigen Übermacht« der Engländer. Sie »kämpfen mit einem Materialaufwand, von dem man sich als Unbeteiligter keinen Begriff machen kann. Munition hat er so viel wie noch nie, sagt er. An

Menschen so viel er will. Und trotz allem hat er nicht erreicht, was er wollte. Und wenn alle deutschen Offiziere und Soldaten ihre Pflicht getan hätten wie sich's gehörte, dann wär's bei kleinsten Anfangserfolgen des Feindes geblieben.« Fritz ist von der Richtigkeit seines Tuns nach wie vor überzeugt. Wie ein Glaubensbekenntnis klingen dann auch seine Worte, mit denen er seine Schilderung der Kämpfe beschließt: »Wenn jeder sich vor Augen hält, um was es geht, dann muss er stehen und sterben! So denke ich. Und wenn alle so denken würden, dann kriegen wir auch einen leidlichen Frieden.« Die schroff ablehnende amerikanische Antwort auf das deutsche Waffenstillstandsangebot muss für Fritz Rümmelein niederschmetternd gewesen sein.

Der Leutnant hat das Schicksal regelrecht herausgefordert, wenn er schreibt: »Es gab Momente, wo ich so nah an Tod und Verderben vorbeikam, dass ich mir unwillkürlich sagte, der liebe Herrgott behütet Dich.« Mit seinem Freund und Vorgesetzten Hauptmann von Wenckstern unterhält er sich darüber. Und sie sind beide der Meinung, dass es eine herrliche Fügung sei, dass sie wieder so gut durchgekommen seien. Doch damit nicht genug. Am 31. Oktober, als Fritz zusammen mit dem Hauptmann von vorne in den Gefechtsstand des Bataillonsstabes zurückkommt, der im Keller eines zerschossenen Hauses in einem Nest namens Orsinval etwa 30 Kilometer nordöstlich von Cambrai untergebracht ist, erwartet ihn eine Überraschung.

Von der Division ist die Mitteilung gekommen, dass nun auch er den Pour le Mérite erhält. »Ich bin weg, ich kann's gar nicht glauben«, notiert der Bataillons-Adjutant in

Retuschiertes Foto mit Pour le Mérite. Eine Aufnahme des Leutnants mit dem Orden hat es nie gegeben, denn er fällt, bevor er ihm ausgehändigt werden kann (oben).

Fritz Rümmeleins Pour le Mérite. Die höchste Tapferkeitsauszeichnung ist während des Ersten Weltkrieges nur 687mal verliehen worden (links). Die Urkunde trägt das Datum 28. Oktober 1918 (rechte Seite).

Wir Wilhelm,
von Gottes Gnaden
König von Preußen ꝛc.,

haben dem Leutnant der Reserve Friederich Rümmelein beim Reserve-Infanterieregiment No 287 den Orden pour le mérite verliehen und ertheilen demselben über den rechtmäßigen Besitz dieser Auszeichnung das gegenwärtige Beglaubigungsschreiben mit Unserer eigenen Unterschrift und dem beigedruckten Königlichen Insiegel. Großes Hauptquartier, den 28. Oktober 1918.

(L.S.) gez. Wilhelm R.

Zur Beglaubigung:
Generalordenskommission

KÖN. PR. GENERAL ORDENS COMMISSION

Kanitz.

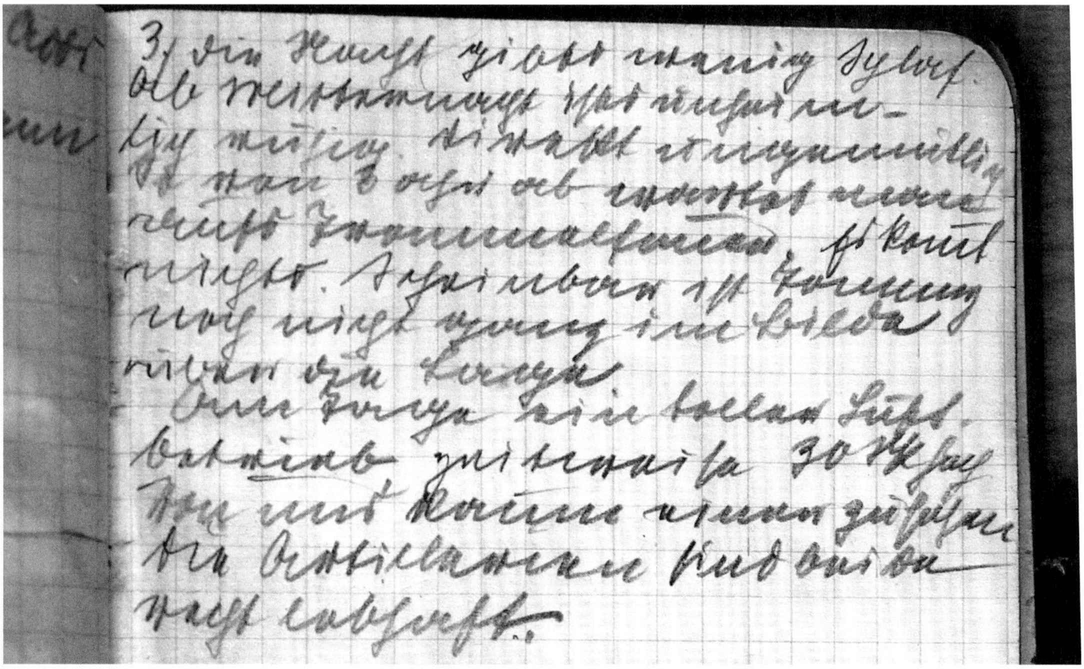

Die letzte Eintragung in sein Oktavheft unter dem 3. November 1918. »Die Artillerien sind beide recht lebhaft«, notiert Fritz Rümmelein unmittelbar bevor er durch einen Granateinschlag getötet wird (oben.) Todesanzeige der Familie und des Fechtclubs (rechte Seite)

sein Oktavheftchen. Zusammen mit von Wenckstern und zwei Kameraden vom Stab feiern sie bei einer Flasche Schaumwein und Dosenwurst; sie sprechen über die Heimat, über den Frieden, der hoffentlich bald kommen wird, ehe sie die feindliche Artillerie aus ihren Träumen zurückholt.

An Allerheiligen 1918 hocken sie immer noch im Keller des zerschossenen Hauses in Orsinval. In den frühen Morgenstunden haben die Engländer die Reste des in ihren Stellungen liegenden Bataillons mit einem fürchterlichen Trommelfeuer eingedeckt. Fritz steht immer noch ganz unter dem Eindruck der zurückliegenden Ereignisse. Er weiß, dass er mit der Auszeichnung in die Annalen der Kriegsgeschichte eingeht, und freut sich entsprechend. Als er etwas Zeit findet, schreibt er seinem Hanauer Freund Alfred Kießling, von dem er längere Zeit nichts gehört hat: »Denk' Dir nur, gestern habe ich den Pour le Mérite erhalten. Ich bin ganz weg, sage ich Dir, Ich kanns noch gar nicht richtig fassen. Sonst gehts mir gut. Melde es bitte dem Turn & Fechtclub.« Den Eltern in Zwiesel hat der überaus stolze Leutnant schon am Vortag geschrieben.

Am 2. November hält das britische Artilleriefeuer unvermindert an. Im Bataillonsgefechtsstand erwarten sie den Angriff der Tanks und der englischen Infanterie. Die Ungewissheit nagt an den Nerven. »Die Nacht gibt wenig Schlaf«, so Fritz. »Nach Mitternacht ist's unheimlich ruhig. Direkt ungemütlich. So von drei Uhr ab wartet man aufs Trommelfeuer. Es kommt nichts. Scheinbar ist der Tommy noch nicht ganz im Bilde über die Lage.« Dafür ist in der Nacht zum 3. November 1918 umso mehr los. »Die Artillerien sind beide recht lebhaft«, notiert er in sein Oktavheftchen, in dem er fast nur noch Dienstliches wie Kompaniestärken, Verlust etc. festgehalten hat. Eigentlich hätte das Bataillon zu diesem Zeitpunkt schon aus der vordersten Linie herausgelöst worden sein müssen. Doch das ist nicht geschehen – aus welchen Gründen auch immer. Tagsüber ist am Himmel wieder einmal der Teufel los. Unten ist es ruhiger. Für den späten Abend hat von Wenckstern noch eine Besprechung angesetzt, denn er rechnet nach wie vor mit dem Angriff der Briten. Gegen Mitternacht verlässt Fritz den Gefechtsstand, zusammen mit einem Artillerieoffizier und einem Unteroffizier, um die Kameraden im Nebenabschnitt einzuweisen. Doch sie werden dort nie ankommen. Eine britische Granate ist in ihrer unmittelbaren Nähe eingeschlagen.

Als von Wenckstern die Nachricht erhält, dass zwei Offiziere und ein Unteroffizier durch Artilleriebeschuss getötet worden sind, eilt er – »Böses ahnend« – zum Ort des Geschehens. In seinem Brief, den er am nächsten Morgen den Eltern nach Zwiesel schreibt, berichtet der Bataillonskommandeur, dass er wenige Minuten später an der Leiche des »lieben Gefallenen« gestanden habe. Von Wenckstern beschreibt das Szena-

Todes- Anzeige.

Tieferschüttert bringen wir allen lieben Verwandten und Bekannten die betrübende Nachricht, daß am Sonntag, den 3. November nach über vierjähriger, treuester Pflichterfüllung unser ältester heißgeliebter Sohn, Bruder, Enkel, Neffe u. Vetter

Herr Fritz Rümmelein

Kriegsfreiwilliger, Leutnant d. R. und Batl.-Adjut. im 87. Res.-Inf.-Rgt.

Ritter des Ordens Pour le merite, des Verdienstkreuzes des Kgl. Hausordens von Hohenzollern mit Schwertern, des Eisernen Kreuzes I. und II. Klasse und der hessischen Tapferkeits-Medaille

im Alter von 23 Jahren den Heldentod für sein Vaterland gestorben ist.

Er war unser Stolz und unsere Freude. Auf der Höhe seiner Erfolge ist er von uns gegangen.

ZWIESEL und im Felde, den 8. November 1918.

Die tieftrauernd Hinterbliebenen:

Heinrich u. Lina Rümmelein, Eltern
Geschwister u. Großvater Fritz Rümmelein

Die Ueberführung der irdischen Hülle in seine Heimat ist eingeleitet.

Turn- u. Fechtklub Hanau
E. V.

Schmerzerfüllt geben wir unseren Mitgliedern bekannt, daß dem für unser deutsches Vaterland so verhängnisvollen Weltkrieg wiederum einer unserer Besten zum Opfer gefallen ist. Am 8. November fiel unser lieber Turnbruder

der Leutnant der Res. und Bataillons-Adjutant

Fritz Rümmelein

Inhaber des E. K. 2 und 1, der hessischen Tapferkeitsmedaille, des Ritterkreuzes vom Hohenzollernschen Hausorden, sowie Ritter des Ordens Pour le mérite.

In jugendlicher Begeisterung und erfüllt von einer glühenden Liebe für sein Vaterland war er zu Beginn des Krieges als Freiwilliger eingetreten. Mit mustergültiger Pflichttreue hat er vier Jahre dem Tod gar oft ins Auge sehend allen Gefahren Trotz geboten und in den letzten Jahren als treuer Begleiter seines Bataillonsführers, des auch bei uns so hochgeehrten und beliebten Hauptmanns von Wenkstern eine Tapferkeit und Unerschrockenheit bewiesen, die ihm die höchsten kriegerischen Auszeichnungen zuteil werden ließen.

Wir verlieren in dem so früh Vollendeten nicht nur ein für die Turn- und Fechtkunst begeistertes, eifriges Mitglied, sondern auch einen lieben, jungen Freund und treuen Kameraden, dessen vorbildliche, bis zum letzten Atemzug geübte Pflichttreue ihm bei uns für alle Zeiten ein ehrendes Gedenken bewahren wird.

Hanau, den 9. November 1918.

15581 Der Vorstand.

Nachruf.

Den Heldentod für sein geliebtes Vaterland erlitt am 8. ds. Mts. unser lieber verehrter

Herr Fritz Rümmelein

Leutnant d. R. u. Batl.-Adj.
Ritter des E. K. 2. und 1. Klasse, sowie der hess. Tapferkeitsmedaille, d. Hohenzollern'schen Hausordens u. des Ordens Pour le mérite

Wir verlieren in demselben einen treuen Mitarbeiter und trauern um den lieben aufrichtigen Freund.

Wir werden sein Andenken hoch in Ehren halten.

Das Kontor- u. Arbeiterpersonal der Firma Conrad Fuss.

Nachruf der Hanauer Firma Conrad Fuss, bei der der Gefallene vor dem Krieg gearbeitet hat (oben)

rio, wie er es gewiss nicht vorgefunden hat, will er doch den erschütterten Eltern, die soeben von der Auszeichnung ihres Sohnes erfahren haben, das Unerträgliche erträglicher machen: »Der Tod« – so von Wenckstern – »muss augenblicklich und schmerzlos eingetreten sein. Die kindlichen, reinen, frischen Züge, die dieser prächtige Junge trug, waren unverändert. (…) Dann habe ich ihm – in Gedanken an seinen lieben Eltern, selbst heißen Dank im Herzen für all das, was der Gefallene mir gewesen, die Augen zugedrückt. Still und friedlich lag er da. Er schien zu schlafen. Die Leute des Stabes hatten am Nachmittage dem neuen ›Ritter‹ einen herrlichen Strauß Rosen gebracht. Unter die gefalteten Hände, auf das treue Herz legten wir die Rosen.« Der Haudegen von Wenckstern hat schon viele solcher Briefe in den zurückliegenden Jahren geschrieben – Briefe, die mit der grausamen Wirklichkeit wenig zu tun gehabt haben. Der Tod seines Adjutanten hat ihn gleichwohl betroffen gemacht, stand er doch diesem innerlich weit näher, als er es ihn als sein Vorgesetzter fühlen lassen durfte. Nicht zuletzt deshalb verspricht er den Eltern, den Leichnam in seine Heimat überführen zu lassen, sofern es ihm gelänge, einen Zinksarg zu beschaffen.

In Zwiesel mag Wencksterns Versprechen und seine Geschichte von den Todesumständen seines Adjutanten die beabsichtige Wirkung nicht verfehlt haben. Das ändert jedoch nichts daran, dass die Eltern Karolina und Heinrich alle Not haben, die Nachricht vom Tod ihres Erstgeborenen zu ertragen. Sie informieren die noch im Felde stehenden Brüder des Gefallenen, Eugen und Heinz sowie die Verwandtschaft. Auch zur *Bayerischen Waldzeitung,* die gerade einen Beitrag zur Verleihung des Pour le Mérite an den Zwieseler vorbereitet hat, gelangt die Information. So schreiben sie dort in der Rubrik »Lokales und Vermischtes« am 7. November 1918 einen Nachruf. Der Beitrag endet mit den Worten: »Wir wollen und können seiner nicht vergessen, das geloben wir ihm, denn wahrlich, er hat es verdient, weiter zu leben in unserem Herzen.«

Tatsächlich ist es von Wenckstern allen Unbilden zum Trotz gelungen, sein Versprechen umzusetzen. Schon kurz nach Fritz Rümmeleins Tod wuchten einige Männer des Bataillons in seiner Anwesenheit einen schweren Zinksarg auf einen Bagage-

Eine Ehrenformation auf dem Zwieseler Stadtplatz. Der Leichenzug des heimkehrenden Gefallenen erregt wenig Aufmerksamkeit, denn der Tod ist in diesen Tagen angesichts Spanischer Grippe und Hungersnot auch in Zwiesel allgegenwärtig.

Der Leichenwagen mit dem Sarg Fritz Rümmeleins. Sein Bataillonskommandeur Hauptmann von Wenckstern hat es möglich gemacht, dass die sterblichen Überreste des Leutnants allen Gepflogenheiten zum Trotz in dessen Heimat überführt worden sind.

Infanteristen mit dem Sarg Fritz Rümmeleins auf dem Zwieseler Friedhof neben der katholischen Stadtpfarrkirche. Vorweg der protestantische Geistliche A. Rabus, mit dem Fritz Rümmelein am Ende seines letzten Heimaturlaubs noch zusammengetroffen ist.

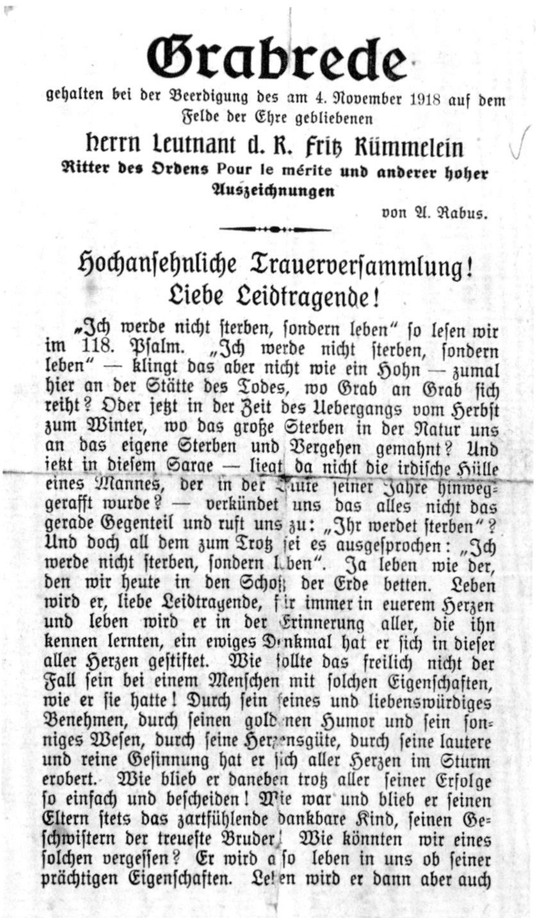

Grabrede

gehalten bei der Beerdigung des am 4. November 1918 auf dem Felde der Ehre gebliebenen

Herrn Leutnant d. R. Fritz Kümmelein

Ritter des Ordens Pour le mérite und anderer hoher Auszeichnungen

von A. Rabus.

Hochansehnliche Trauerversammlung! Liebe Leidtragende!

„Ich werde nicht sterben, sondern leben“ so lesen wir im 118. Psalm. „Ich werde nicht sterben, sondern leben“ — klingt das aber nicht wie ein Hohn — zumal hier an der Stätte des Todes, wo Grab an Grab sich reiht? Oder jetzt in der Zeit des Uebergangs vom Herbst zum Winter, wo das große Sterben in der Natur uns an das eigene Sterben und Vergehen gemahnt? Und jetzt in diesem Sarge — liegt da nicht die irdische Hülle eines Mannes, der in der Blüte seiner Jahre hinweggerafft wurde? — verkündet uns das alles nicht das gerade Gegenteil und ruft uns zu: „Ihr werdet sterben“? Und doch all dem zum Trotz sei es ausgesprochen: „Ich werde nicht sterben, sondern leben“. Ja leben wie der, den wir heute in den Schoß der Erde betten. Leben wird er, liebe Leidtragende, für immer in euerem Herzen und leben wird er in der Erinnerung aller, die ihn kennen lernten, ein ewiges Denkmal hat er sich in dieser aller Herzen gestiftet. Wie sollte das freilich nicht der Fall sein bei einem Menschen mit solchen Eigenschaften, wie er sie hatte! Durch sein feines und liebenswürdiges Benehmen, durch seinen goldenen Humor und sein sonniges Wesen, durch seine Herzensgüte, durch seine lautere und reine Gesinnung hat er sich aller Herzen im Sturm erobert. Wie blieb er daneben trotz aller seiner Erfolge so einfach und bescheiden! Wie war und blieb er seinen Eltern stets das zartfühlende dankbare Kind, seinen Geschwistern der treueste Bruder! Wie könnten wir eines solchen vergessen? Er wird also leben in uns ob seiner prächtigen Eigenschaften. Leben wird er dann aber auch

Die erste Seite der gedruckten Predigt. Wie es der Zeit entspricht, ist sie voller vaterländisch-pathetischer Überhöhung.

wagen, wie im Dezember in der *Bayerischen Waldzeitung* zu lesen sein wird. Auf diesem erreicht der tote Pour-le-Mérite-Träger im Tross des zurückflutenden Regiments die Reichsgrenzen. Der Erste Weltkrieg ist da schon zu Ende, denn am 11. November 1918 haben im Wald von Compiègne Vertreter der Reichsregierung einen Waffenstillstand unterzeichnet, der eher einer Kapitulation gleicht, nachdem schon Österreich-Ungarn, das Osmanische Reich und Bulgarien die Waffen gestreckt haben.

Irgendwo im Westen Deutschlands wird der Sarg und eine diesem beigefügte hölzerne Offizierskiste mit den Habseligkeiten von Fritz – seine Auszeichnungen, seine Offiziersmütze, seine Pickelhaube, seine Feldtasche, die Briefe und Karten aus der Heimat – auf die Eisenbahn verladen. Es folgt eine Irrfahrt durch das Reich. Sarg und Kiste stehen in Güterwagen auf Abstellgleisen und in Lagerräumen. Denn bei der Eisenbahn herrscht durch den Rückzug der Truppen das blanke Chaos. Und ansonsten geht es auch drunter und drüber, denn in Deutschland ist Revolution: Die Matrosen, die die meiste Zeit des Krieges untätig auf ihren rostenden Pötten herumlungerten, haben sie – inspiriert von den Ereignissen in Russland – begonnen. Von Norden ausgehend hat sie bald ganz Deutschland erfasst. Der Kaiser hat abgedankt, Deutschland ist Republik. Was für eine, weiß man noch nicht so genau.

Endlich, am 11. Dezember 1918, kommt der Zinksarg mit dem Leichnam auf dem Bahnhof von Zwiesel an. Von dort überführen sie ihn zum Friedhof der niederbayerischen Kleinstadt. Dem von Pferden gezogenen Leichenwagen voran schreiten Infanteristen mit geschultertem Gewehr, dahinter auch ein paar Kameraden vom III. Bataillon des 87. Reserve-Infanterie-Regiments. Einer von ihnen trägt ein Ordenskissen mit dem Pour le Mérite, dem Hausorden von Hohenzollern, der hessischen Verdienstmedaille und den Eisernen Kreuzen. Am Straßenrand stehen ein paar wenige Passanten. An-

Der letzte Salut für den Pour-le-Mérite-Träger Fritz Rümmelein. Die angetretenen Soldaten feuern drei Gewehrsalven ab. Es ist seit langem militärische Tradition, gefallene Kameraden am offenen Grab so zu verabschieden.

W
1914
Adjutanten

Das geschlossene Grab des Gefallenen. Im Mittelpunkt vor Pickelhaube und Offiziersdegen das Ordenskissen mit dem Pour le Mérite und den anderen Auszeichnungen. Im Vordergrund der Kranz der Familie sowie seines Vorgesetzten Karl von Wenckstern

sonsten erregt der Leichenzug, der über den Stadtplatz führt, wenig Aufmerksamkeit, denn der Tod ist angesichts von Hungersnot und Spanischer Grippe auch in Zwiesel allgegenwärtig. Oben am Friedhof warten die Eltern, Vater Heinrich, Mutter Karolina, Großvater Fritz, die Brüder Eugen und Heinz, die wohlbehalten aus dem Weltkrieg zurückgekehrt sind, sowie die beiden jüngeren Geschwister des Gefallenen. Sie nehmen den Leichnam ihres geliebten Fritz in Empfang.

Am 12. Dezember 1918 wird dieser beigesetzt. A. Rabus, der Wanderprediger, der immer noch in Zwiesel weilt, hält die Trauerrede. Er spricht von dem jungen Helden, der sein Leben für das bedrohte Reich hingegeben habe; er spricht von der »gnädigen Fügung Gottes, der ihn den Zusammenbruch seines Vaterlandes nicht wollte erleben lassen«; und er spricht von Erlösung und Auferstehung. Am Ende, nachdem »Ich hatt' einen Kameraden« verklungen ist, und sie den Sarg des Pour-le-Mérite-Trägers hinunterlassen, schießen einige Uniformierte mit ihren Gewehren Salut.

Nur 23 Jahre alt ist Fritz Rümmelein geworden. Er ist einer von mehr als zwei Millionen deutschen Soldaten gewesen, die im Ersten Weltkrieg gefallen sind.

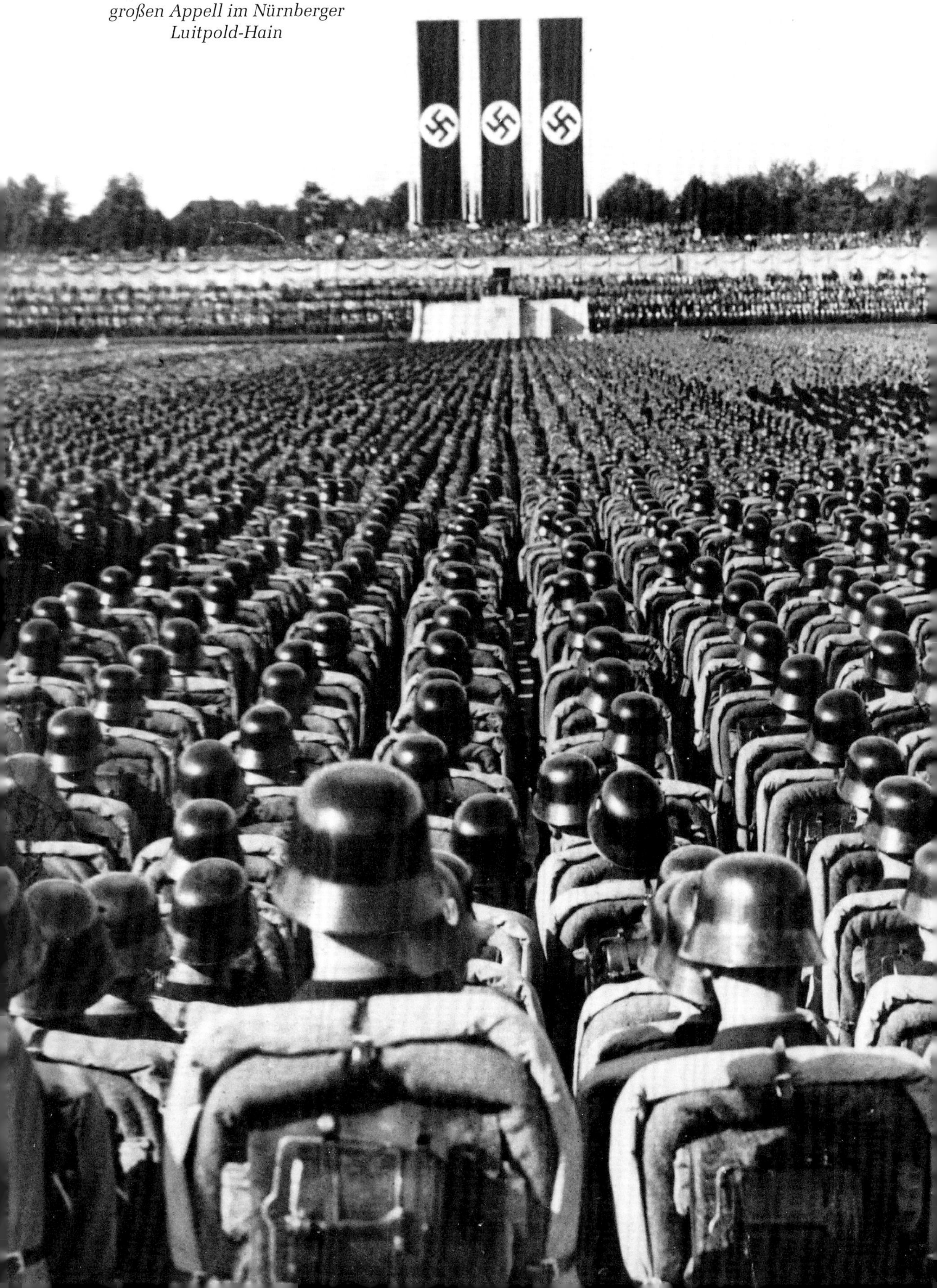

Reichsparteitag 1935. Angetretene SS-Verbände beim großen Appell im Nürnberger Luitpold-Hain

Epilog

Missbrauchte Erinnerung

Als Fritz Rümmelein in Zwiesel zu Grabe getragen wurde, stellte gewiss niemand den Sinn seines Soldatentodes infrage. Es herrschte bei den Trauernden vielmehr Einigkeit darüber: Er starb für das Vaterland, dem er damit das größtmögliche Opfer brachte. Und er starb als Pour-le-Mérite-Träger, was die Familie bei allem Leid mit Stolz erfüllte. Auf den erhalten gebliebenen Kranzschleifen der Eltern heißt es dann auch: »Unserem toten Helden«. Sein Leichnam war der einzige, der in die Heimat überführt wurde, von 178 Söhnen der Stadt Zwiesel, die im Ersten Weltkrieg gefallen waren. Ihre Namen wurden, noch ehe die Waffen geschwiegen hatten, in der niederbayerischen Kleinstadt in Stein gemeißelt. Bereits im Oktober 1918 hatte die Kirchenverwaltung die Taufkapelle in der katholischen Stadtpfarrkirche zu einer Kriegergedächtniskapelle umgestaltet und darin eine Erinnerungstafel angebracht. Einer der letzten Namen, die dort hinzugefügt wurden, war der von Fritz Rümmelein.

Um das Vaterland, für das sie gefallen waren, stand es Ende 1918 schlecht. Die Hungersnot, die durch die über das Kriegsende hinaus aufrechterhaltene britische Seeblockade verschärft wurde, und die immer noch grassierende Spanische Grippe machten das Dasein der Bevölkerung nach wie vor zu einem Überlebenskampf. Hinzu kam das politische Chaos, das im revolutionären Deutschland herrschte: Der Kaiser war ins niederländische Exil gegangen. In Berlin wollten die Sozialdemokraten, die das Heft beherzt in die Hand genommen hatten, derweil aus Deutschland eine parlamentarische Demokratie machen. Das wollte die von Moskau gelenkte äußerste Linke mit allen Mitteln verhindern und stattdessen einen Räte-Staat nach russischem Vorbild etablieren. Zum Jahreswechsel schossen in der Hauptstadt Deutsche auf Deutsche.

Und auch in Bayern prallten nach dem Ende der Wittelsbacher Monarchie katholische Tradition und sozialistische Zukunftsvisionen aufeinander – in München freilich ungleich heftiger als in der Provinz. Doch auch in Zwiesel hatte sich am 10. November 1918 ein Arbeiter- und Soldatenrat konstituiert. Auch hier waren sie mit roten Fahnen durch die verschneiten Straßen des Städtchens gezogen, mehr, um gegen den Hunger zu protestieren als für eine Neuwerdung der Dinge, von denen man ohnehin keine so rechten Vorstellungen hatte. Zu besonderen Ausschreitungen oder tätlichen Auseinandersetzungen kam es – wie in einer Chronik eigens vermerkt ist – aber nicht. Die Lethargie weiter Teile der Bevölkerung und das geringe Ansehen der Räte hätten dazu beigetragen. Und auch die Parteien hätten wenig

Rückhalt bei der Einwohnerschaft, heiß es in einer Chronik.

Viel Beachtung fand in diesem bis in die Grundfesten erschütterten Nachkriegs-Deutschland und damit auch in Zwiesel die Heimkehr der Frontsoldaten. Es waren nicht nur Väter, Söhne und Brüder, deren Heimkehr herbeigesehnt wurde. Sie verkörperten für viele auch ein Stück Kontinuität in einer Welt, in der sich die Meisten nicht mehr auskannten. Und sie waren ein Machtfaktor, die Millionen Männer, weshalb die politischen Parteien um sie warben. Obwohl sie der feindlichen Übermacht nicht mehr hatten standhalten können, galten sie als »im Felde unbesiegt« – wohl auch deshalb, weil sie beim Waffenstillstand noch tief in Feindesland gestanden hatten. Kein Geringerer als der sozialdemokratische Führer und spätere Reichspräsident Ebert leistete dieser Sichtweise Vorschub, als er den am 10. Dezember 1918 in den »freien deutschen Volksstaat« zurückkehrenden Truppen entgegengerufen hatte: »Kein Feind hat Euch überwunden. (...) Allen Schrecken habt Ihr mannhaft widerstanden – Mannschaften und Führer –, sei es in den Kreidefelsen der Champagne, in den Sümpfen Flanderns oder auf dem elsässischen Bergrücken, sei es im unwirtlichen Russland oder im heißen Süden. (...) Ihr habt die Heimat vor feindlichem Einfall geschützt (...) Erhobenen Hauptes dürft Ihr zurückkehren. Nie haben Menschen Größeres geleistet und gelitten als Ihr.«

Überall in Deutschland, in dem die Sozialdemokraten bei den ersten freien und gleichen Wahlen vom Januar 1919 als Sieger hervorgegangen waren, wurden die Regimenter in den Garnisonsstädten von der Bevölkerung willkommen geheißen. Zwiesel besaß keine Garnison. Dennoch richtete die Stadt am 24. Februar 1919 für die Kriegsheimkehrer eine große Feier aus, an der neben den vaterländischen Organisationen und Vereinen 600 Veteranen teilnahmen. Die Heimkehrer wurden an diesem Tag freigehalten. Viele von ihnen sympathisierten auch im katholischen Niederbayern mit der staatstragenden Sozialdemokratie, die in München Ende April/Anfang Mai 1919 die Revolutionäre der nach bolschewistischem Vorbild geschaffenen Bayerischen Räterepublik zusammenschießen ließ.

Wo sich Kriegsheimkehrer trafen, war immer die Erinnerung an die gefallenen Kameraden mit dabei. So auch bei der Feier am 24. Februar in Zwiesel. Ebert, der selbst zwei Söhne im Weltkrieg verloren hatte, sprach gewiss auch für viele Zwieseler, wenn er gleich zu Beginn seiner viel beachteten Rede vom Dezember 1918 neben den Kriegsversehrten der »teuren Toten« gedachte: »Ach, so viele kehren nimmer wieder. Hunderttausende ruhen in Feindesland in stillen Gräbern, andere Hunderttausende mussten vor dem Ende des Kampfes zurückkehren, zerfetzt und verstümmelt von feindlichen Geschossen. Ihnen allen, die sich für den Schutz der Heimat aufgeopfert haben, unseren unauslöschlichen Dank. (...) Was wir ihnen an Taten der Dankbarkeit darbringen können, das wollen wir ihnen in Treue leisten.«

Doch eben diese Treue sollte die sozialdemokratisch geführte Reichsregierung aus der Sicht vieler Weltkriegskämpfer bald brechen. Denn sie akzeptierte die Versailler

Novemberrevolution im niederbayerischen Zwiesel. Soldaten und Arbeiter, die einen Rat gebildet hatten, marschierten über den verschneiten Stadtplatz. Der Wandel von der Monarchie zur Republik verlief in der Provinz ruhiger als in den Metropolen.

Friedensbedingungen von Anfang Mai 1918. Zu diesen gehörten neben monströsen Reparationen, neben riesigen Gebietsabtretungen und der Reduzierung der Streitkräfte auf 100 000 Mann auch die Auslieferung des Kaisers und seiner engen Getreuen. Letzteres korrespondierte mit dem Kriegsschuld-Paragrafen, der ein Novum in der jüngeren Geschichte darstellte. Dieser machte Deutschland zum Alleinschuldigen am Weltkrieg und rückte die Soldaten in die Nähe von Söldnern, die für ein Unrechtsregime ins Feld gezogen waren. Das war für sie eine unerträgliche Demütigung, sahen

Kriegschronik – »Für alle Zeit zum steten Gedenken« an den gefallenen Pour-le-Mérite-Träger Fritz Rümmelein. Die Zwieseler Lokalpatrioten machten den preußischen Leutnant zum Angehörigen des »87. Bay. Res. Inf. Rgt.«, das es gar nicht gab.

sie sich doch ihrer Ehre beraubt. Nicht nur den Frontsoldaten, sondern der gesamten Nation wurde jetzt schlagartig die Dimension der verdrängten Niederlage im Weltkrieg bewusst.

Dass die Reichsregierung sich des damit verbundenen politischen Debakels im Klaren war, aber dennoch keine andere Möglichkeit sah, als die im Juni 1919 ultimativ diktierten Bedingungen der Sieger hinzunehmen, weil sonst deren Einmarsch ins Innere des demobilisierten Reichs und das Aufflammen der Revolution drohte, ging in der Massenempörung nahezu unter. Die Entscheidung der Berliner Regierung spaltete dann, wie befürchtet, die deutsche Gesellschaft. Während die einen keine Alternative zur Billigung des Diktats sahen, fühlten sich die anderen verraten und verkauft. So war das auch bei den ehemaligen Frontkämpfern, von denen sich viele von der SPD abwandten. Ein österreichischer Gefreiter, der selbst Kriegsfreiwilliger in einem bayerischen Infanterieregiment gewesen war, brachte deren Folgerung aus dem Diktat auf den Punkt, wenn er schrieb: »Es war also alles umsonst gewesen. Umsonst all die Opfer und Entbehrungen, umsonst der Hunger und Durst von manchmal endlosen Monaten, vergeblich die Stunden, in denen wir, von Todesangst umkrallt, dennoch unsere Pflicht taten, und vergeblich der Tod von zwei Millionen (…)«

Die mitgelieferten Verschwörungsszenarien waren jetzt nach der Billigung der Friedensbedingungen durch die Reichsregierung so eingängig wie nie zuvor. Viele glaubten dem großen Hindenburg, der bald die von ihm mitverantwortete Niederlage im Weltkrieg mit dem vermeintlichen Verrat der Heimatfront erklärte und einem »Dolchstoß« in den Rücken der Front das Wort redete. Er meinte damit nicht nur die radikale Linke, sondern auch die Sozialdemokratie, ja den gesamten Parlamentarismus. Das war Wasser auf die Mühlen Hitlers, der sich anschickte, im Nachkriegs-München eine Karriere als Propagandaredner einer völkischen Gruppierung zu machen. Sein Wirkungsgrad und der der bald gegründeten NSDAP samt ihrer Sturmabteilung (SA) war freilich noch ein regional begrenzter. Die Masse der ehemaligen Frontkämpfer suchte ihr Heil und die Befriedigung ihrer Bedürfnisse nach militärischer Traditionspflege in den großen Wehrverbänden, wie dem »Stahlhelm – Bund der Frontsoldaten« oder dem mehr als zwei Millionen Mitglieder zählenden »Deutschen Reichskriegerbund Kyffhäuser«.

Die Wehrverbände waren es dann auch, die überall in der Weimarer Republik die Errichtung von Kriegerdenkmalen beförderten. Mit ihnen sollte neben der Erinnerung an die Gefallenen die Idee des Opferganges des deutschen Soldaten vermittelt werden. So auch in Zwiesel. Das dortige, im Oktober 1922 feierlich eingeweihte Denkmal zeigt einen sterbenden Krieger, der durch seinen Tod »die heimatliche Erde« – wie es in der *Bayerischen Waldzeitung* hieß – vor den Gräueln des Krieges geschützt habe. Auf den Seitenwänden des Granitsockels stehen die Namen der Gefallenen, darunter auch der des Leutnants Fritz Rümmelein. »Mögen ihre Namen fortleben in unserer Erinnerung als Mahner und Rufer zur deutschen Einigkeit und deutscher Treue«, appellierte einer der Redner an die Versammelten beim Festakt, zu dem ergreifende Gesangsdarbietungen mit dem Lied vom guten Kameraden ebenso gehörten wie die Salutschüsse aus einer Kanone, die die eigentliche Enthüllung des Denkmals begleiteten. Ihren Abschluss fand die Veranstaltung, an der die Jugend Zwiesels maßgeblich beteiligt war, mit einem besonders theatralischen Akt: Weiß gekleidete Mädchen aus den Familien der Gefallenen, darunter auch die Schwester von Fritz Rümmelein, traten nach vorne und legten die Kränze der Angehörigen nieder.

Die Feier fand fortan jährlich am Zwieseler Kriegerdenkmal statt. Und seit der Einführung des Volkstrauertages im Februar

Das im Oktober 1922 eingeweihte Zwieseler Kriegerdenkmal. Es symbolisierte den Opfergang der Soldaten zum Schutz ihrer »Waldheimat«.

1926 als Erinnerungstag für die Kriegsopfer kamen sie an jedem fünften Sonntag vor Ostern dort zusammen. So war es jetzt in ganz Deutschland, wo seit Beginn der 1920er-Jahre in jedem Dorf und in jeder Stadt Kriegerdenkmäler entstanden, an denen die Namen der Gefallenen verewigt wurden. Doch die Erinnerungskultur begann sich allmählich zu wandeln. In der Zeit seit Hindenburgs Reichspräsidentschaft trat neben dem christlich geprägten Opfermythos nun auch die Heroisierung des Weltkriegskämpfers. Die Auseinandersetzung um das Reichsehrenmal, die zentrale Gedenkstätte für die Gefallenen, die nie gebaut wurde, spiegelt die unterschiedlichen Haltungen in der deutschen Gesellschaft gegenüber dem Weltkrieg und der Erinnerung an diesen wider.

Während Hitler die Juden als die Verantwortlichen für Krieg und Niederlage geißelte und in einer »rassereinen« arischen Volksgemeinschaft die Zukunft sah, verarbeiteten konservative Intellektuelle den Weltkrieg, indem sie das Fronterlebnis ideell überhöhten. Dies geschah in einer Flut von Schriften. Zu ihren Autoren gehörten Ernst Jünger, der 1917 in Cambrai Seite an Seite mit Fritz Rümmelein gegen die Briten gekämpft hatte. In seinem bereits 1920 erschienenen Bestseller »In Stahlgewittern« wird der Krieg zum inneren Erlebnis. Franz Schauwecker und Friedrich Wilhelm Heinz taten es ihm in ihren Büchern und Aufsätzen nach. Sie und andere – wie etwa Oswald Spengler – entwickelten auf ihrer Sinnsuche aus dem Fronterlebnis eine neue, von Glauben und Opferbereitschaft getragene Weltanschauung. So, wie sie im Graben ohne Rücksicht auf Herkunft und Stand des Einzelnen gelebt hatten und gestorben waren, wollten sie diesen »Grabensozialismus« zum Muster eines künftigen Nationalismus machen, eines Nationalismus, der einen »Volksstaat« will.

Auf der anderen, auf der linken Seite der zerrissenen deutschen Gesellschaft, wo die moskautreuen Kommunisten, die weiter am

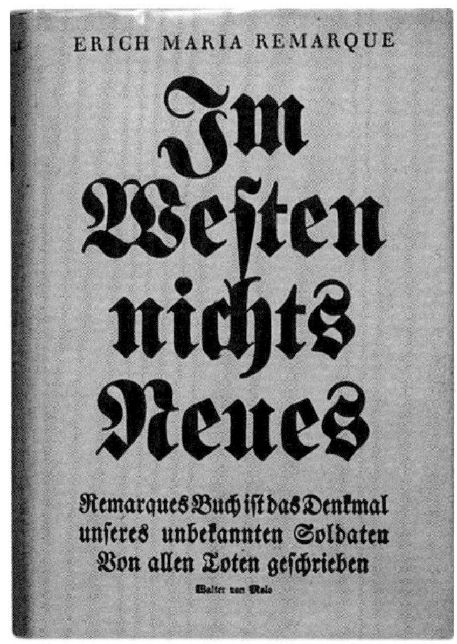

Erstausgabe von Ernst Jüngers Kultbuch »In Stahlgewittern« von 1920 (oben links). Remarques Welterfolg »Im Westen nichts Neues« aus dem Jahr 1929. Das Buch wurde in 50 Sprachen übersetzt und mehr als 50 Millionen Mal verkauft (oben rechts).

Umsturz in Deutschland arbeiteten, dem internationalen Kapitalismus die Schuld am Krieg gaben, entwickelte sich sogar ein Pazifismus, für den Namen wie Kurt Tucholsky, Emil Julius Gumbel oder Ernst Toller standen. Die Bildhauerin und Grafikerin Käthe Kollwitz unterstützte diesen mit ihrem Werk. Der Maler Otto Dix bildete in seinen Gemälden die Fratze des Weltkriegs und der für ihn verantwortlichen Eliten ab. Und auch in der Literatur taten sich Autoren wie Arnold Zweig, Ludwig Renn oder Bruno Vogel mit Anti-Kriegsbüchern hervor. Der wirkmächtigste unter ihnen war Erich Maria Remarque mit seinem Roman »Im Westen nichts Neues« aus dem Jahr 1928. Auch das zwei Jahre später in den deutschen Lichtspieltheater gezeigte gleichnamige amerikanische Antikriegsepos verdeutlichte auf eindringliche Weise die Sinnlosigkeit des Weltkriegs. Millionen Zuschauer zog der Film in seinen Bann, ebenso viele sahen in ihm eine Verunglimpfung des Vaterlands und derer, die für dieses Vaterland gekämpft hatten und gefallen waren. Bei den Kampagnen gegen den Film, der schließlich von der Oberprüfstelle wegen »Herabsetzung deutschen Ansehens im Ausland« verboten wurde, waren die aufstrebenden Nationalsozialisten ganz vorne mit dabei.

Als diese gegen Ende der 1920er-Jahre infolge der Weltwirtschaftskrise und deren

katastrophalen Konsequenzen für Deutschland zur stärksten politischen Kraft avancierten, veränderte sich der Charakter der Erinnerungskultur weiter. Soldatenbildnisse erschienen jetzt häufiger als Siegesgewissheit verkörpernde Kämpfer. Sie waren nicht zuletzt auch Ausdruck einer ihr Selbstvertrauen zurückgewinnenden Nation, deren militärische Eliten Hitler, als dieser im Januar 1933 die Macht in Deutschland übernommen hatte, jedoch eher ablehnend gegenüberstanden. Erst 1934, nachdem dieser die braune Schattenarmee SA und deren Führung mit Hilfe eines blutigen Komplotts ausgeschaltet hatte, änderte sich das. Die Reichswehr wähnte sich nunmehr nicht zuletzt wegen Hitlers Aufrüstungsbestrebungen der herausragenden Rolle im Staate sicher, die sie beanspruchte. So ließ ihre Führung nach dem Tode des Reichspräsidenten von Hindenburg die Truppe den Treueeid auf den »Führer und Reichskanzler Adolf Hitler« schwören.

Hitler vor der Neuen Wache in Berlin am Heldengedenktag 1937. Links neben ihm von Mackensen, einst Flügeladjutant des Kaisers

Soldaten-Relief am 1939 eingeweihten Kriegerdenkmal in Düsseldorf-Golzheim. Es zeigt den entschlossenen Kämpfer (rechts).

Auch Millionen ehemalige Frontkämpfer, für die der Weltkrieg das Ereignis ihres Lebens war, sahen spätestens jetzt – trotz seiner immer augenscheinlicher werdenden rassenpolitischen Obsession – in Hitler den Sachwalter ihrer Belange. Andere hatten dies schon früher getan und sich der NSDAP angeschlossen. Zu ihnen gehörten Fritz Rümmeleins Bruder Heinrich und dessen ehemaliger Bataillonskommandeur Karl von

Wenckstern, der 1918 noch Soldatenrat gewesen war. Sie alle erlebten jetzt mit Genugtuung, wie mit der Linken »aufgeräumt« wurde, mit denen, die die Ehre der Weltkriegskämpfer aus ihrer Sicht mit Dreck bewarfen. Sie erlebten, wie deren Bücher brannten, darunter auch Remarques Bestseller. Und sie erlebten, wie es die neue Staatsmacht, die alles Militärische aufwertete, mit der Erinnerung an die Gefallenen hielt, wie ihre Taten gewürdigt wurden wie nie zuvor.

Die Nationalsozialisten köderten so Millionen, indem sie zum Beispiel überaus geschickt den Helden-Mythos um das flandrische Langemarck übernahmen oder indem sie bei der belgischen Regierung erreichten, dass auf dem dortigen Soldatenfriedhof das riesige Massengrab geöffnet werden konnte und den Namenlosen anhand ihrer Erkennungsmarken ihre Namen zurückgegeben wurden. Aus dem Volkstrauertag machten sie 1934 auf Anordnung Hitlers den Heldengedenktag mit martialischen Aufmärschen und theatralischem Totengedenken. Der Frontsoldat des Weltkriegs wurde so zum Prototyp des nationalsozialistischen Kämpfers gemacht, eines neuen Menschen, wie ihn der Bildhauer Arno Breker in seinen Kolossalstatuen idea-

Fliegerhelden (von links): Manfred von Richthofen, Oswald Boelcke und Max Immelmann. Millionenfach wurden die Konterfeis der gefallenen Pour-le-Mérite-Träger auf Postkarten gedruckt. Sie wurden zu Idolen einer neuen Fliegergeneration in Hitlers Deutschland.

lisierte. In seiner Unbesiegbarkeit sollte dieser das Leitbild einer arischen Volksgemeinschaft sein, deren Jugend »hart wie Kruppstahl, flink wie die Windhunde und zäh wie Leder« zu sein hatte. Für Opponenten und Schwache sollte in dieser Volksgemeinschaft, die Hitler für den großen Weltenkampf der Rassen aufrüstete, definitiv kein Platz mehr sein; und erst recht nicht für seinen Todfeind, für »den Juden«.

Für das neue Leitbild wurde von den nationalsozialistischen Propagandamachern das Individuum in den Mittelpunkt gerückt. Der Opfermythos machte alle gleich, das Heldenideal verlangte hingegen die Hervorhebung des Einzelnen. Im konkreten Fokus standen dabei die »Ritter der Lüfte«, denn die sich rasant entwickelnde Fliegerei hatte etwas Faszinierendes, insbesondere aus der Sicht der jungen Generation. Männer wie Manfred von Richthofen, den Fritz Rümmelein am Himmel über Nordfrankreich ausgemacht hatte, Männer wie Max Immelmann, Oswald Boelcke oder Ernst Udet mit ihren zahlreichen Luftsiegen sollten die Vorbilder einer neuen Fliegergeneration sein, die den personellen Grundstock einer dem Reich in Versailles verbotenen schlagkräftigen deutschen Luftwaffe bilden sollte. Die Tatsache, dass die meisten dieser Fliegerasse des Weltkrieges jung gestorben waren, tat dem keinen Abbruch, sondern befeuerte alles eher noch, denn junges Heldentum und Tod lagen in der nationalsozialistischen Ideologie nahe beieinander.

Soldaten, die sich im Weltkrieg in den traditionellen Waffengattungen – wie der Infanterie – Verdienste erwarben, waren hingegen für die nationalsozialistischen Propagandamacher weitaus weniger interessant,

Fritz Rümmelein im Jugendheft »Kriegskunst in Wort und Bild« vom Juli 1936. Auf mehreren Seiten wurden dessen Heldentaten an der Westfront idealisiert. Auch der Infanterie-Leutnant sollte der neuen deutschen Jugend zum Vorbild gereichen.

fehlte diesen doch die Verknüpfung mit der technischen Innovation, die das nationalsozialistische Regime für sich reklamierte. Was war schon ein Gewehr oder eine Feldhaubitze verglichen mit einem modernen Jagdflugzeug mit 600 Pferdestärken. Wenn der Infanterist Fritz Rümmelein dennoch von der nationalsozialistischen Propaganda entdeckt wurde, dann hatte dies mit seinem Bruder Heinrich zu tun, der Zwieseler Ortsgruppenleiter der NSDAP war. Der wollte die Erinnerung an Fritz wachhalten. Das war für seine niederbayerische Ortsgruppe darüber hinaus ein willkommener Anlass, Präsenz zu zeigen. Er erreichte damit auch einen Gleichgesinnten, der Fritz Rümmelein ebenfalls dem Vergessenwerden entreißen wollte, der aber in ihm auch ein nutzbares Propa-

Der Generalarbeitsführer Karl von Wenckstern bei seiner Rede vor dem Zwieseler Elternhaus von Fritz Rümmelein im August 1936

gandaobjekt sah: Es war Karl von Wenckstern, sein ehemaliger Bataillonskommandeur, der es bei den Nationalsozialisten inzwischen weit gebracht hatte. Er war General beim Reichsarbeitsdienst (RAD) und als Pour-le-Mérite-Träger selbst ein Vorbild in der braunen Massenorganisation.

Als Heinrich, der Bruder des Gefallenen, im August 1936 dessen 40. Geburtstag zum Ereignis in der Zwieseler Ortsgruppe machte und mit viel Pomp eine Erinnerungstafel am Elternhaus anbringen ließ, war der Generalarbeitsführer dann mit dabei. Der ordensbehangene Wenckstern hielt die Rede, in der er die ruhmreichen, mit dem Pour le Mérite belohnten Taten seines einstigen Adjutanten würdigte und ihn als Vorbild für die Jugend pries. Zur Einstimmung auf das Ereignis, das die gesamte Familie Rümmelein mit Stolz erfüllte, war bereits im Juli in dem Jugendheft »Kriegskunst in Wort und Bild« eine mehrseitige Geschichte über die Heldentaten des »schneidigen Jünglings« erschienen.

Von Wenckstern beließ es aber nicht dabei. Jahre darauf sorgte er dafür, dass das Reichsarbeitsdienstlager Wurchow in der Nähe von Neustettin nach seinem früheren Adjutanten benannt wurde. Aus diesem Anlass reisten dessen stolze Mutter, Witwe Karolina, und deren drei Söhne, Ortsgruppenleiter Heinrich Rümmelein, Eugen und August in das ferne Hinterpommern, um in Anwesenheit von Wencksterns und des RAD-Gauführers Stark der Namensgebungsfeier beizuwohnen. Es wurden Reden gehalten, in denen es um Kampf, Heldentum und Sterben ging. Und am Ende sangen sie alle noch das Horst-Wessel-Lied, die eigentliche Nationalhymne in Hitlers Deutschland. In der Kampfschrift des Parteiverlages »Feldgraue Sturmvögel« und in der Presse schrieben sie über Fritz Rümmelein und über das Ereignis. So hieß es in der *Bayerischen Waldzeitung*, die Reichsarbeitsdienstabteilung 8/43 sei zu einer »besonderen Feierstunde« angetreten, »bei der sie als stete Mahnung und Vorbild zu gleichem Einsatz für Volk und Heimat den Namen eines der unvergesslichen Helden des Weltkrieges, des Pour-le-Mérite-Trägers Fritz Rümmelein, erhalten wird«.

Ortsbesichtigung im pommerischen Wurchow bei Neustettin. Von links: Fritz Rümmeleins Bruder August, seine Mutter Witwe Karolina, RAD-Gauführer Stark, Bruder Eugen, Generalarbeitsführer von Wenckstern sowie Bruder Heinrich mit Ehefrau Elsa

Das war am 23. Juli 1939. Keine sechs Wochen später sollte mit dem deutschen Überfall auf Polen der Zweite Weltkrieg beginnen. Sein rassenideologisch motiviertes Wesen wurde von den allermeisten Zeitgenossen bis hin zu den Militärs nicht verstanden. Sie wähnten sich vielmehr in einer Kontinuität zu 14/18. So depeschierte der frühere Flügeladjutant des Kaisers, von Mackensen, am 1. September 1939 an Hitlers Heeres-Oberbefehlshaber: »Der Weltkrieg nimmt seine Fortsetzung (...) Gott mit Ihnen und unserem Volke!« Ähnlich wie der populäre einstige Generalfeldmarschall, der seine Meriten im Osten und auf dem Balkan erworben hatte, dachten viele derer, die jetzt ins Feld zogen, fernab jeder Begeisterung, wie sie in den Augusttagen des Jahres 1914 noch geherrscht hatte. Sie glaubten einfach nur, ihre vaterländische Pflicht erfüllen zu müssen, alleine schon angesichts der zwei Millionen Gefallenen, die es vor ihnen getan hatten. So konnten sie – nicht zuletzt durch ihren Eid – zum tragischen Werkzeug in den Händen eines in seiner Rassenideologie gefangenen Verbrechers werden.

Namens- und Ortsregister

Bildnachweis

S. 4, Seemann. S. 5, Peter Müller. S. 12, Hanauer Medienzentrum Bildarchiv. S. 14, Seemann. S. 15, Seemann. S. 16, Stadtarchiv Zwiesel. S. 17, Seemann. S. 19, Arndt. S. 20, Hanauer Medienzentrum Bildarchiv. S. 21, Arndt. S. 22, Seemann. S. 23, FR. S. 24, Arndt. S. 25, FR. S. 26, o.l. Arndt, alle anderen FR. S. 27, FR. S. 28, FR. S. 29, FR. S. 30, Seemann. S. 31, FR. S. 32 FR. S. 33. FR. S. 34, Seemann o., FR u. S. 35, FR. S. 36, Seemann. S. 37 Hanauer Medienzentrum Bildarchiv. S. 38, Seemann. S. 40, FR. S. 42, Arndt o.l und u.r., FR o.r. und u.l. S. 43, Seemann. S. 45, FR. S. 46, FR. S. 47, Seemann. S. 48, FR. S. 49, FR. S. 50, FR. S. 51, FR. S. 52, FR. S. 53, FR. S. 54, FR. S. 55, FR. S. 56, Arndt. S. 57, Seemann. S. 58, FR. S. 59, Seemann. S. 60, Seemann. S. 61, NFR. S. 62, FR. S. 63, FR. S. 64, FR. S. 66, FR. S. 67, FR. S. 68, FR. S. 69, FR. S. 70, FR. S. 71, FR. S. 72, FR. S. 73, Seemann. S. 74, FR. S. 75, FR, l. und Mémorial de Verdun – Champ de bataille, r. S. 76, Arndt. S. 77, FR. S. 78, Arndt. S. 79, Arndt. S. 80, FR. S. 81, FR. S. 82, Arndt. S. 83, Arndt. S. 84, FR. S. 85, FR. S. 88, Seemann. S. 89, Seemann. S. 90, Seemann. S. 91, Seemann. S. 92, FR. S. 93, FR. S. 94 FR. S. 95, Seemann. S. 97, FR. S. 98, FR. S. 99, FR. S. 100, FR. S. 101, FR. S. 102, FR. S. 103, FR. S. 104, Seemann. S. 105, FR. S. 106, FR. S. 107, NFR. S. 108, FR. S. 110, FR. S. 113, FR. S. 114, FR. S. 115, FR. S. 116, FR. S. 117, Deutsches Literaturarchiv Marbach. S. 118, Hermann Rex. S. 119, FR. S. 120, LWL-Medienzentrum für Westfalen, o. und FR u. S. 121, FR. S. 123, FR. S. 124, FR. S. 125, FR. S. 126, FR. S. 128, FR. S. 129, FR. S. 130, MR. S. 131, Seemann. S. 132, Seemann. S. 133, Reuth. S. 134, Seemann. S. 136, Seemann. S. 138, FR. S. 139, FR. S. 140, FR. S. 141, Stadtarchiv Zwiesel. S. 142, FR o. und Arndt u. S. 143, Hermann Rex. S. 144, Seemann o. und MR u. S. 145, MR. S. 146, NFR. S. 147, MR. S. 148, Arndt. S. 149, Stadtarchiv Zwiesel. S. 150, Stadtarchiv Zwiesel, S. 151, Stadtarchiv Zwiesel. S. 152, Stadtarchiv Zwiesel. S. 153, Stadtarchiv Zwiesel. S. 154, Seemann. S. 156, ullstein bild. S. 159, Stadtarchiv Zwiesel. S. 160, Seemann. S. 162 Stadtarchiv Zwiesel. S. 163 Reuth. S. 164, ullstein bild. S. 165, David Davies/Alamy Stock Photo. S. 167, Seemann. S. 168, Seemann. S. 169, Seemann. U4, alle Fritz Rümmelein.

(FR steht für Fritz Rümmelein, NFR für dessen gleichnamigen inzwischen verstorbenen Neffen, Seemann für seine ebenfalls verstorbene Nichte Barbara Seemann und MR für seinen Großneffen Michael Rümmelein.)

Digital aufbereitet mit KI wurden Fotografien auf folgenden Seiten: 23, 25, 28, 34 u., 35 o., 40, 46 o. und u., 50 o., 56, 64, 66, 69, 72, 77 u., 81 r., 97 o., 100, 101, 102 u., 110, 114, 116, 120 u., 121 o., 126, 128, 140

Dank des Autors

Ich danke den Nachkommen von Fritz Rümmelein, posthum seiner Nichte Barbara Seemann sowie seinem Neffen Fritz Rümmelein, aber auch dessen Sohn Michael Rümmelein. Sie haben sämtliche noch existierenden Unterlagen über ihren Vorfahren – angefangen von Schulzeugnissen, Feldpostbriefen und Tagebüchern bis hin zu Aufnahmen aus seiner Kindheit und Jugend – zur Verfügung gestellt.

Mein Dank gilt aber auch dem Hanauer Historiker Jens Gustav Arndt, der bemerkenswerte Foto-Dokumente aus Fritz Rümmeleins Zeit in der Stadt am Main, aber auch über dessen erste Einsatzorte in der Champagne und vor Verdun beisteuerte. Arndt stand mit seinem umfassenden Wissen dem Autor bei der Entstehung dieses Buches mit Rat und Tat zur Seite. Dank gebührt auch Arndts Mitstreiter, Roland von Gottschalck, vom Hanauer Medienzentrum Bildarchiv. Gleiches gilt für Roland Schreder vom Stadtarchiv Zwiesel, wo sich die zehn Fotoalben und zahlreiche weitere Unterlagen zu Fritz Rümmelein heute befinden. Der Archivleiter durchforstete nicht nur seine Bestände, sondern leistete technische Unterstützung, was die Fotografien anbelangte. Dies tat auch Felix Reuth von der Universität Potsdam, der zahlreiche Aufnahmen mit Hilfe von KI qualitativ aufbereitete, damit sie die Bildbearbeitung des Langen Müller Verlages weiterverarbeiten konnte.

Natürlich sei an dieser Stelle auch den Mitarbeitern des Verlags, allen voran dem umsichtigen Betreuer dieses aufwendigen Projektes, Christoph Aicher, gedankt. Ein ganz besonderes Dankeschön geht an die Layouterin Sibylle Schug, ohne deren unermüdlichen Einsatz dieses Buch wohl nicht erschienen wäre.

Der Autor

Ralf Georg Reuth ist Historiker und Autor. Der Oberfranke studierte Geschichte sowie Germanistik und wurde mit einer Arbeit über die südliche Peripherie Europas in Hitlers Strategie bei dem renommierten Zeithistoriker Andreas Hillgruber promoviert. Reuth war zehn Jahre lang Berlin-Korrespondent der *Frankfurter Allgemeinen Zeitung* und schrieb danach für verschiedene Blätter des Axel-Springer-Verlages.

Neben einigen Polit-Bestsellern verfasste er zahlreiche Bücher zur deutschen Geschichte, die in viele Sprachen übersetzt wurden. Zu seinen bekanntesten Werken zählt seine umfassende Biographie über Joseph Goebbels aus dem Jahr 1990. Sie gilt auch heute noch als das Standardwerk über den nationalsozialistischen Propagandaminister. Auch sein Porträt über »Erwin Rommel. Das Ende einer Legende«, (2004) stieß auf ein breites Echo. Umstrittener sind seine Bücher über Hitler, wendet er sich doch mit seiner politischen Biographie (2003), mit »Hitlers Judenhass« (2007) und »Hitler – Zentrale Aspekte seiner Gewaltherrschaft« (2020) gegen die in Deutschland vorherrschende sozialwissenschaftliche Deutung des Nationalsozialismus. In jüngerer Zeit befasste sich Reuth auch mit der Geschichte der beiden Weltkriege und deren Folgen. Daraus resultierte seine »Kurze Geschichte des Zweiten Weltkriegs« (2018) sowie »1923 – Kampf um die Republik« (2023). Das hier vorliegende Buch über das Schicksal des Leutnants Fritz Rümmelein versteht er als Beitrag zur »Geschichte von unten«.